ロジカルシンキングのノウハウ・ドゥハウ

ＨＲインスティテュート 著／野口吉昭 編

PHP文庫

○本表紙図柄＝ロゼッタ・ストーン（大英博物館蔵）
○本表紙デザイン＋紋章＝上田晃郷

はじめに

　コンサルタントにとってロジカルシンキングは、基本の基であることはもちろんだが、もはや、多くのビジネスパーソンのビジネスの基本の基と言ってもいい。

　会議の席で、若手がたまたま意見を求められた。3分間、懸命に話をした。自分の主張を自分なりに伝えようとした。しかし、次に出てきた部長の言葉は、こうだ。
「いったい、何が言いたいんだ！　結論はどれだ！　今の意見は、感想か？　期待か？　憶測か？　予測か？　どれなんだ！」

　ロジカルシンキングとは、「わかりやすさ！」である。論理的思考の論理とは頭が切れるとか、眼光鋭いとかということよりも、整理されている・筋が通っている・流れができている・結論が明確・根拠がしっかりしている、といったわかりやすさを反映させたものと考えたほうが理解しやすい。
　日常の会議、日常の商談、日常のミーティング、日常の報告などで使える、わかりやすいロジシン＝ロジ

カルシンキングを学ぶことは、ビジネスパーソンとして仕事が効率的・効果的になるだけではなく、自分自身の考えを整理し、自分自身のビジョンを設定する個人の生き方にも大いに影響を及ぼす。

私どもHRインスティテュートでは、このロジカルシンキングをビジネスパーソンだけではなく、中京大学総合政策学部、経済学部の学生に教えたり、NPO法人「師範塾」の塾生である学校の先生にも教えている。ビジネスツールだけではなく、生きるツールにまで広げた形でロジカルシンキングを考えている。

ロジカルシンキングとは、仕事の上でのわかりやすさを成果として出すものであり、生きる筋道を考えるツールでもあるのだ。

本書は、2001年に出版された『ロジカルシンキングのノウハウ・ドゥハウ』を大幅に見直して、日本で最も多くの方々に受講いただいている私どもの研修プログラムを意識して、再構成〜文庫化させていただいたものだ。HRインスティテュートで最も長く、最も多くプログラムを実践している副社長の稲増美佳子エグゼクティブ・コンサルタントが「使える」「シンプルに」「わかりやすく」を基本に原著を修正・加筆した。

本書の出版に際して、PHP研究所の中村悠志氏には、改めてここで感謝の意を述べさせていただきた

い。
　そして、いつもながら私どもを勇気づけ、ご支援いただいているクライアントの方々、読者の方々に、お礼を述べさせていただきたい。みなさんがいらっしゃるからこそ、私どもは執筆の場をいただいている。本当にいつもいつもありがとうございます。
　本書を読まれた方々の仕事に、そして人生に、本書のノウハウ・ドゥハウが少しでも役立つことを心から祈念したい。

　　　　　ＨＲインスティテュート　代表　野口吉昭

ロジカルシンキングの
ノウハウ・ドゥハウ
Contents

はじめに

第1章 ロジカルシンキングとは「わかりやすさ！」

1）相手に納得していただく ……………………………… 14
～トップ・コンサルタントはわかりやすい
① コンサルタントはロジックがお好き　14
② 頭の使い方はいろいろ　17

2）考える人 vs 悩む人 ……………………………… 26
～頭の使い方の違い
① 「悩む」のは、時間のムダ使い　26
② 「ロジカルな人」は、言い切る　29
③ 論理学とは、何だろう　33

3）論理的思考＝ロジカルシンキング ……………………………… 39
～「思考法」と「ツール」で脳トレ
① 目的に合わせて使う　39
② 「3つの思考法」の紹介　44
③ 「3つのツール」の紹介　52

第2章 「3つの思考法」で、やわらかく、ツヨイ地頭に

1）頭の中をやわらかく、かつツヨク！ ……58
① 思考法を使い分ける 58
② 無限ループから抜け出す 61

2）思考法1：「ゼロベース思考」で自由に ……65
＝とらわれ＆しがらみからの脱出を実現する
① 「思考の枠組み」を疑う 65
② 「目的レス」と「答えの短絡化」を克服する 70
③ 時間・空間を超える 74
④ ベストプラクティスから気づく 76

3）思考法2：「フレームワーク思考」で全体を押さえる ……79
＝「鳥の目」で全体を把握できれば、もう安心
① 思考がスピードアップする 79
② 成果がクオリティアップする 86
③ 「ノーサプライズ！」になる 90
④ 2対・3対で、足して100にする 93
⑤ フレームでロジックを組み立てる 96

4）思考法3：「オプション思考」で選択肢を ……100
＝思考停止＆拡散状態から次なる一歩をつくり出す
① 意思決定が深まる 100
② 議論のプロセスがわかる 102
③ 最低3つの選択肢、を習慣に 109

「3つのツール」は、ビジネスパーソン必携の武器

1) 「なるほど、納得！」を具現化する3つのツール……114
- ① 「話す」「書く」とボロが出る　114
- ② 「3つのツール」に慣れる　116

2) ツール1:「ロジックツリー」……127
＝軸をそろえて、「モレなく、ダブリなく」全体を把握
- ① ロジカルシンキングの代表格　127
- ② WHATツリー　131
- ③ WHATツリーの応用ケース　135
- ④ WHYツリー　144
- ⑤ HOWツリー　152

3) ツール2:「マトリックス」……157
＝2軸のポジショニングで、見えないものが見えてくる
- ① 「位置化」するからわかる　157
- ② 決め手は「軸設定」　160
- ③ お客さまが見えてくる　162

4) ツール3:「プロセス」……169
＝情報を時間軸・シーン別に整理するとわかりやすい
- ① 全体フレームを大きく区切る　169
- ② プロセスを展開して考える　172
- ③ 企業活動をプロセスに落とす　175

ロジカルシンキングで会議を進化させる

1）日本型会議を破壊せよ！ ……………………………182
  ① 会議の付加価値を高める　182
  ② 意志ある仮説づくりを行う　184
  ③ 思考法とツールで会議をツヨクする　188

2）「思考法」活用で、成果が違う ……………………192
  ①「3つの思考法」なしの会議　192
  ②「3つの思考法」活用の会議　195

3）「ツール」を使いこなす、ホワイトボードの魔術師‥202
  ① ファシリテート・スキル　202
  ② 議論は情報を「見える化」して意思決定　208
  ③ ヒドイ会議を自主トレの場にする　212

ロジカルシンキングを鍛えよう！

1) ちょっとやってみよう！
ロジカルシンキング演習 ……………………………… 222
① ポジショニングマップにアイデアを描こう 222
② 相手の話をフレームワークで整理しよう 229
③ 複数のオプションを準備して納得度を高めよう 236

2) ロジカル遺伝子を育む組織風土 ……………………… 242
① トップの発言から思考法が見える 242
② ロジカル遺伝子が息づくコミュニケーション 245
③ わかりやすい！→動き出す 250

第 1 章

ロジカルシンキングとは「わかりやすさ！」

 # 相手に納得していただく
~トップ・コンサルタントはわかりやすい

① コンサルタントはロジックがお好き

　多くのコンサルタントは、自分はロジカルな人間・論理的な人間だと思っている。コンサルタントのマインド＆スキルには、このロジカル性・論理性は、不可欠であるからだ。いかにしてファクト（事実）群をデータから抽出し、まとめ、体系化するか。しかも、「論理的・客観的に！」だ。そして、「インパクトをもって！」戦略にしたり、プランにする。

　実は多くのコンサルタントのアウトプットという解答は、すでにクライアントの手の中にあることが多い。つまり、ある一定の答えは、前からわかっているのだ。

　では、何をクライアントはコンサルタントに求めているのか？　実は、実行できないという状況打開のメディア（伝道師）として、コンサルタントを活用することが多いのだ。

　「第三者が言っているのだから！　論理的にまとめられているのだから！　シナリオ性がしっかりしているのだから！」といったコンサルタントのアウトプット

をクライアントのトップ（経営者）やミドル（中間マネジメント層）が自分以外の社員に対して、強力な変革エネルギーを発する武器として使うのだ。

 だからこそ、コンサルタントのアウトプットは、ロジック、シナリオ、データがプロフェッショナルな形でまとめられる必要性がある。コンサルタントの存在価値に、論理性・客観性が重視されるのは当然のことなのだ。

 熱の入った、思いの強い、愛のあるコンサルタントも重要だが、論理性・客観性のあるコンサルタントの方が求められている（とはいえ、ＨＲインスティテュートは、かなり熱い。思い・愛のあるコンサルタントを重視している）。だから、コンサルタントがロジック好きなのは、必然なのだ。

 では、そもそもロジックとは、何か？　ロジカルシンキングとは、何か？
 どうだろう、こんな感じだろうか。
 ＊事実に基づいている
 ＊根拠が明確である
 ＊展開の筋道がつながっている
 ＊結論がはっきりしている（差別性がある）
 でも、どうだろうか？　最もロジカルなのは、まずは、相手の立場に立っているかどうかではないだろう

第１章◎ロジカルシンキングとは「わかりやすさ！」　15

か。相手の立場に立っていなければ、論理的かどうか？　シナリオ性があるかどうか？　事実の積み上げかどうか？　は評価できない。

　つまり、平たく言えば、聞く立場の人にとって「わかりやすい！」かどうかが、ロジックの最大のポイントなのではないだろうか。

　演繹法の例でよく使われる「人間は死ぬ」「ソクラテスは人間である」「よって、ソクラテスは死ぬ」。この論法を使って、ＩＴを知らない人（例えば、小学生）に、「ＳＦＡ（セールス・フォース・オートメーション：営業支援システム）は効率化・生産性向上がはかれる」「Ａ社には、高度な生産性が求められる」「よって、Ａ社は、ＳＦＡを導入すべきである」と言ってもなかなかピンとこないだろう。単語の意味がわからないから演繹法以前の問題となる。

　論理的とは、思い切って言ってしまえば、相手の立場を考えた「わかりやすさ！」があるかどうか、なのだ。

　ロジカルシンキングに関する多くの本は、「ロジックツリー」を中心にしている。問題群・課題群・原因群・解決策群などを整理＆体系化するものである。整理の仕方が、ピラミッド型・樹木型なのでロジックツリーと言われる。

　確かに、ロジックツリーは、コンサルタントの思考

群の中心的存在である。原因を追及する WHY ツリー、解決策を体系化する HOW ツリー、戦略を体系化する戦略ツリー……。当然、必須ツールである。

　しかし、ロジックツリーの前に、「相手の立場に立っている」「わかりやすい言葉を使う」がなければ、いくら立派なツリーがあっても論理的とは言えない。

　本書は、もちろんロジックツリーも扱う。が、もっとより基本的なものから、論理性・客観性〜ロジカルシンキングを展開していきたい。

　ロジカルシンキングとは、相手軸を大前提にした「わかりやすさ*!*」を意味するというスタンスで。

② 頭の使い方はいろいろ

　相手に納得していただくための頭の使い方は、ロジカルシンキング＝論理的思考以外にもいろいろある。仮説思考、コンセプト思考、創造思考、本質思考、マクロ思考、ミクロ思考……。いずれも論理的思考と関係するが、必ずしも論理的思考には分類しにくいものだ。と言うより、どの思考もベースにロジカルシンキングがあると考えていいだろう。ここでは、代表的な3つの思考を説明しよう。

　まずは、**仮説思考**。

　仮説とは仮の結論。70点主義でトライせよ。

1-1 仮説思考とロジカルシンキング

「知らない」「わからない」ではなく、正解は1つではない！
と割り切って、どんどん「仮説」をつくる頭にしよう。

ロジカルシンキング3つの思考法	ゼロベース思考	いい**仮説**は、まっさらな固定観念なしの状態にすることからはじまる
	フレームワーク思考	いい**仮説**は、思いつきではなく、全体を押さえた上で焦らずに出すことが大切
	オプション思考	いい**仮説**は、たった1つではなく、複数の仮説を考え出すことが必要
ロジカルシンキング3つのツール	ロジックツリー	問題の真因を探る時、ツリーで分解していくと**仮説**がクリアになる
	マトリックス	商品や事業を1～3年後にどうしたいのか、マトリックスで**仮説**を整理できる
	プロセス	業務プロセスを洗い出すと、どこにどのようなムダがあるのか、**仮説**を検証できる

※3つの思考法と3つのツールは、ロジカルシンキングの要素

ユニークな会議で知られるネット企業の「はてな」は、50点主義。近藤社長はスピード重視だ。朝令暮改も当たり前。「グーグルラボ」では、常に新しいサービスを、完成形ではない状態でオープンにしている。そうやって、使い勝手もユーザと一緒になって直していく。ライブでコラボしながら、商品が進化していく。伊勢丹では「55％攻撃論」というのがあって、「55％自信があるなら、もう自分の考えで進んでよい！」と背中を押している。

　私どもの研修でも、とにかく「知らない」「わかりません」は受け付けない。自分の知っている限りの情報でいいから、そこから推論することが大事。脳みそを動かす。ほんの小さな変数としての事実かもしれない。間違った記憶かもしれない。でも、その前提に立って、ロジックが合っていれば、ある意味ＯＫなのだ。正解は１つではない。

　優等生は、正解を知りたがる。答えに自信がないと、何も言わない。

　例えば、「日本の実質ＧＤＰの総額は？」。

　答えを直接知らなくても、自分のもっている情報の片鱗から推論していくこと。それが数字の勘を養う。いわゆる「地頭力」を活用するということだ。例えば、

　＊アメリカや中国など他国の実質ＧＤＰ

第１章◎ロジカルシンキングとは「わかりやすさ！」

＊日本の国民一人当たりの実質ＧＤＰ
　＊日本の年間の国の一般会計予算、負債（国債＋地方債など）の絶対額
　＊自分の会社や競合他社の売上高……などなど

　何らかの事実から、それをベースにどのように方程式を組むかがロジックだ。
「ビル・ゲイツの面接試験」に代表されるフェルミ推定。突拍子もない数字を当てようとしたり、想像を絶する難問・珍問に答えようとする。こうした頭の体操に興味のある方は、フェルミ推定の典型的代表設問「日本に電信柱は何本あるか？」にチャレンジしてみてはどうか。いったい、どのような組み立てで答えを導こうとするのか。そこが大切なのだ。

　このように、実は**仮説思考**も、ロジカルシンキングを活用している（図1-1）。

　次に、**コンセプト思考**。

　コンセプト思考とは、本質思考であり、差別化思考、特徴化思考でもある。比較的、ロジカルシンキング（＝論理的思考）は、整理思考、分類思考、分析思考であるが、コンセプト思考は、真因や結論を導く思考と言えるだろう。

　コンサルタントのインタビュー。
「それは、なぜですか？」

「その根拠は、何ですか？」
「それ以外に何かありませんか？」
「それは、どうしたら可能ですか？」
「ほかに、×××の分野ではどうですか？」

　普通だったら、もうあきらめるだろうという対話の中で、「まだ訊くかい？」と、かなりしつこく質問を投げかけ続ける。つまり、とことん考え抜いていただいて、本質＝コンセプトを引き出そうとしているのだ。

　表層的な事象にとらわれるのではなく、「なぜなぜ５回」で真因を探ろうとする。広く高く深い視点で、本質をとらえようとすること。これには、場数も必要だ。人を見抜く眼力、曖昧さを衝く強さ、深いところへと導く洞察力。

　そして、「これかもしれない」という複数の仮説に行き着く。さらに丁寧に、検証していく。**仮説思考**と組み合わせながら、本質を探ろうとする。浅い時点で決してあきらめない粘り強さが必要だ。

　いつも、「一言で言うと何？」を意識していること。それを深く自分なりの言葉にしていくこと。本質をとらえる時にも、対象の全体像・スコープが明確に見えていないと、はじまらない。

　コンセプト思考で、真因や真実や真髄を探る時も、ロジカルシンキングを駆使している（図１－２）。

第１章◎ロジカルシンキングとは「わかりやすさ！」

1-2 コンセプト思考とロジカルシンキング

一見、バラバラに見える点も、考え抜くうちに、線になり面になる。
そして、その点・線・面を貫くのが「コンセプト」だ。

ロジカルシンキング3つの思考法	ゼロベース思考	**コンセプト**＝本質を探求する時は、先入観や偏見が邪魔となるのでゼロベースで考える
	フレームワーク思考	これが**コンセプト**だ！と思っても、見落としがあれば見誤る。モレがないか、フレームワークで考える
	オプション思考	いきなり、**コンセプト**へいたらない場合もある。そんな時は、比較の視点を使い、オプションで考える
ロジカルシンキング3つのツール	ロジックツリー	その**コンセプト**に自信をもつためには、ロジックツリーで優先順位が見えてくるものだ
	マトリックス	その**コンセプト**が正しいか、ポジショニングで客体化することで自信を深める必要がある
	プロセス	その**コンセプト**をベースにすると、どんな展開が見えてくるのか、そのロードマップをプロセスで示すといい

最後に、**創造思考**。

創造思考は、クリエイティブ系の仕事に多いと思われがちだ。しかし、今はどんな仕事にも創造思考が求められる。

これまでのしがらみや習慣・ルールにとらわれて、なかなか白紙でものごとを見つめ直すことは難しい。かといって、これまで通りの改善レベルだけではなく、新たな発想で違う次元を生み出すことが求められている。

新たな価値創造が必要な時代だ。

もっと速く、もっと小さく、もっとたくさん、もっと軽量に……という競争はわかりやすい。そして、不毛な戦いにはまっていく。どこも同じ軸で同じ象限に参戦する。真っ赤な血の海（レッドオーシャン）の市場ができあがる。

こうした時に、創造思考で新しい軸をとって、新たな次元をつくり上げる。すると、そこは大海原。ブルーオーシャンの出現だ。

新たな違う軸を設定して、市場を見つめ直す。存在しない市場を新たな軸で生み出す。
「ファッション」という新しい軸で、ファッションスポーツブランドとしてブレイクしたプーマ。「スタイル（ヨーロピアンスタイル）とテイスト」という軸で、日本でも大成功をおさめたスターバックス。これらが

1-3 創造思考とロジカルシンキング

創造思考とは、発想を豊かにして拡散させるもの。
先の読めない状況で特に求められる。

ロジカルシンキング3つの思考法	ゼロベース思考	**創造力**は、常識や習慣、事例といった既成概念から離れ、子供のように無邪気な発想が大切
	フレームワーク思考	勝手に拡散させると、自分の嗜好性に偏りがち。**創造力**を高めるために、フレームワークでバランスよく
	オプション思考	対象(テーマ)に対して、違う切り口の視点出しをしていく。多様なオプションで**創造性**を拡げること
ロジカルシンキング3つのツール	ロジックツリー	どんどんツリーの階層と幅を拡げていくことで、**創造思考**がますます刺激される
	マトリックス	出てきたアイデアをマトリックスで整理したあと、その軸をどんどん変えていくと新しい**創造的**なアイデアが出てくる
	プロセス	1つのアイデアの流れ、プロセスを逆転させてみると、気がつかなかった**創造性**豊かなアイデアにいたる

わかりやすい好例だ。
　新たな軸をとることで、新たな価値を創造する。
　こうした創造思考においても、考え抜く過程でのロジカルシンキングが重要だ（図1-3）。単なる思いつきではなく、天才のひらめきは「考え抜いた結果」の天からのギフトである。

　相手に納得していただくための思考法を３つ紹介した。すべてロジカルシンキングと互いに関係する。
　ところで、なぜ、思考法がこれほどまでにブームなのか。考え方にも技術があることを知っている人と知らない人では、大違いだからだ。
　そしてビジネスでは、一人だけでは限りがある。誰かに協力していただかなければならない。買っていただかなければならない。すべて相手があってのことだ。その相手に、納得していただけない限り、どんなに素晴らしいアイデアでも商品でも、それは価値がない。
　相手に納得していただくために、思考を鍛える必要がある。

考える人 vs 悩む人
～頭の使い方の違い

① 「悩む」のは、時間のムダ使い

　大きく言えば、ビジネスパーソンは、考える人と悩む人に分けられる。言い換えれば、仕事ができる人・できない人、成功する人・しない人、といったイメージだろうか。

　この対峙「考える vs 悩む」は、結構、奥が深い。できる人は、考えるけれどあまり悩まない。仕事の速い人は、考えるけれど悩んでいられない。「考える」と「悩む」は、どう違うのだろうか（図1-4）？（といって、悩み出す人もいる!?）

　ロジカルな人は、あまり悩まない。ロジカルな人は、考えることがお好き。「考える」と「悩む」の違いが、ロジックの強弱の違いと言ってもいい。考える人は、前に進む。悩む人は、立ち止まるし、後ろに下がる。考える人の話は、わかりやすいが、悩んでいる人の話は、わかりにくい。

　「考える」とは、目的意識が明確。ゴールのために思考する。「悩む」は、目的が不明確になってしまいがちだ。ゴールが、見えなくなってしまうのだ。

1-4 考える人 vs 悩む人

考える人

悩む人

	考える人	悩む人
意味	前に進むこと	止まること
	ベクトルが ↗	ベクトルが → か ↘
	目標・目的が明確	目標・目的が不明確
行動	ポジティブ・エネルギー	ネガティブ・エネルギー
	その時、遅くてもやがて速くなる	いつまでも速くならない
	行動力 大	行動力 小
結果	結果は出る	結果が出ない
	成功の確率は高くなる	成功の確率は低くなる
	副次的結果をもたらす	副次的な結果は生まれない

考える人と悩む人は、似て非なる者なり！

第1章◎ロジカルシンキングとは「わかりやすさ！」

人間、誰だって悩むことはあるだろう。だが、漢字のもつデザイン性（象形性）を見ても、「悩」は、頭が爆発しそうだし、「考」は、ロダンの像のようにも見えて、なかなか知的で、哲学的だ。

「まったく、うちの部長は決めてくれない」
「クライアントがイヤがっているので……」
「うちのかみさんとおふくろが……」
　こういう人は悩む。自分ではなく人を主語にしてものごとをとらえると、自分は受け身だ。「まったく日本政府は……」などという具合に、何でも他責になる。
　そうすると、主語である相手の動きを「どうするのかなー」「どうなるのかなー」と待つ身になる。これは悩む。
　なぜなら、「自分」を主語にしていないからだ。
　いろいろと考えることはできる状況だけれど、「それで、自分はどうしたいんだ!?」と自問自答する。
　すると、何か仮説が見えてくる。
「どうしようかなー」状態から脱しよう。
　とりあえず、仮説でいいから「Aにしよう」「Bにしよう」と選択肢を出してみよう。
　悩んでいるのがイヤなら、自分を主語にしてみることだ。

ミッション（使命）がない時、ビジョンが見えない時、人は悩む。ミッションがあり、ビジョンが明確な時、人はその実現のために考える！　ロジカルシンキングは、あくまで論理的に思考することであり、悩むものではない。

　よりわかりやすく！　より前向きに！　より目的的に！　これが、考える前提だし、論理的思考～ロジカルシンキングの前提なのだ。ロジカルシンキングができている人は、よく考えているし、話す言葉もわかりやすいものだ。

②「ロジカルな人」は、言い切る

　ロジカルな人を思い出していただきたい。一方、ロジカルでない人も思い出していただきたい。

　ロジカルな人＝知識がある人？　話が整理されている人？　起承転結が明確な人？　だろうか。

　ロジカルでない人＝知識がない人？　話が整理されていない人？　起承転結が明確でない人？　だろうか。

　ロジカルな人は、明確な人！　ポリシーが見える人！　はっきりしている人！　ではないか。簡単に言うと、(多少しつこいが)「わかりやすい！」人こそ、ロジカルな人だろう。

シナリオ性が今1つ不明でも、何かわかったような気にさせる人がいる。それは、相手の立場に立っている人、声が大きい人、話が面白い人、話し方がはっきりしている人だ。

　もちろん、客観的データを使ってしっかりプレゼンテーションする人、話にメリハリがある人、優先順位が明確な人、モレがなくダブリがない人は、ロジカルな人だ。

　大学時代、無目的に生活し、日々の行動にあまり責任がなかった学生が、4月1日をもって、社会に入ってくる。新人君たちは、先輩や上司からよく怒られる。「何を言っているのか、よくわからん！　もっと整理して、要領よく話せ！」「結論は、何？」「報告なの？　相談なの？　提案なの？」

　出身大学の偏差値は、上司よりもかなり高いにもかかわらずだ。話の整理ができない。大切な話の意味が理解できない。話が要領を得ない。正しいメモが書けない。議事録がまともに書けない……。

　こんな頼りない新人君たちに、ロジックツリーを教えると、一気に偏差値の高さが表に出てくる。それまで、怒られっ放しの新人君が、たった一日で見違えることがある。

　なぜか？　それは、ちょっとしたコツを教えられたからだ。そのコツとは？

＊相手の立場に立つこと
＊3つにまとめて話をすること
＊結論から話をすること

どうってことはないのだ。でも、多くのビジネスパーソンは、このことができない。会議での報告、ミーティングでのディスカッションが、なぜか冗長になり、論点が見えない。3年生でも10年選手でも非論理的な人は、ずっとそのままなのだ。

なぜか？　それは、目的的でなかったからだ。緊張感がなかったからだ。責任があまり重くなかったからだ。相手が見えなかったからだ。

ロジカルな人とロジカルでない人との差は大きく、
＊相手の立場に立っているかどうか？
＊責任感があるかどうか？
＊自分の考えを明確にすることにこだわっているかどうか？
＊整理して考え、伝えようという状況にあるかどうか？
＊端的にまとめようとする習慣に迫られているかどうか？
にある。

「SO WHAT?」「で、何？」といつも言われていれば、どんなにロジカルでない人も、やがてロジカルになってくる。毎日、「はい、3つに話をまとめて！」「結論を

先に言って！」「まずは、背景を述べて！」「方向性を大きく3つ言って。そして、そのプラス面・マイナス面を言って。そして、1つだけ選んで」「その理由も言って！」とみんなから言われれば、誰もが、ロジカルになるものだ。

ロジカルな人は、ロジカルな文化の中から育つ。ロジカルシンキングのノウハウ・ドゥハウも重要だが、もっと大切なのは、ロジカルシンキングな組織文化づくりなのだ（図1-5、1-6）。

1-5 ロジカルな人／ロジカルでない人

	ロジカルな人	ロジカルでない人
思考・マインド	ポリシーが明確	ポリシーが不明確
	考える人	悩む人
	ポジティブ	ネガティブ
行動・スキル	声が大きい	声が小さい
	言い切る	語尾をにごす
	データに強い	データに弱い
	整理志向	拡散（発散）志向
	1つの話が端的	1つの話が冗長的
	結論から	感想から
	わかりやすい人！	**わかりにくい人！**

1-6 ロジカルな組織／ロジカルでない組織

	ロジカルな組織	ロジカルでない組織
ミッション&ビジョン	差別的なミッション&ビジョン	どこにでもあるミッション&ビジョン
	トップの思いが注入	トップの知識が注入
	社員がこだわっている	社員が無視している
戦略・計画	フォーカス&ディープ！	何でもかんでも！
	より具体的	より抽象的
	戦略→計画に落ちている	戦略と計画が別に
管理・業務	ルールが少なく明確	ルールが多く煩雑
	明るい職場	暗い職場
	ITはツール	ITは資産

わかりやすい組織！ **わかりにくい組織！**

③ 論理学とは、何だろう

「ソクラテスの産婆術」という言葉がある。

あの議論好きなソクラテスは、常に相手に質問をしていた、という。

いい質問は、自分からも相手からも、より深い洞察を引き出す。狭い視野が広くなり、低い視座が高くなり、浅かった視点が深くなる。

そして、点と点を結びつけると、いくつかの交錯する線ができる。それを俯瞰してみると、平面ができる。そして、平面を融合させながら組み立てると、立

方体になる。

　思考のデザイン化だ。

「論理学」は、ソクラテスの時代から、ギリシャで発達した。「はたして、神は存在するか」という古典的な命題は、数千年にわたって、議論され続けている。

　論理学は、哲学的な分野のみならず、数式論理学など、各国で、さまざまな発展をしてきている学問だ。グーグルで脚光を浴びている、アルゴリズム解析も、論理の塊(かたまり)と言える。

　論理学とは何か。わかりやすく言えば、

「結論と、その根拠（証拠や事実）との関係性」

についての学問だ。演繹法、帰納法、三段論法などは、まさに結論と根拠の関係性を分類している。

　この定義からわかること。それはロジカルになりたかったら、「結論と根拠の関係性を意識すること」だ。

　つまり、

　①結論を明確にすること
　②その結論のための、根拠（証拠や事実）を用意すること
　③結論と根拠は、（聴き手が）納得できる関係にあること

が、なければならない。

　簡単に言ってしまえば、この３つ（図1-7）。

　この３つさえ整えれば、あなたも"わかりやすい

1-7 ロジカルであるための基本構造とポイント

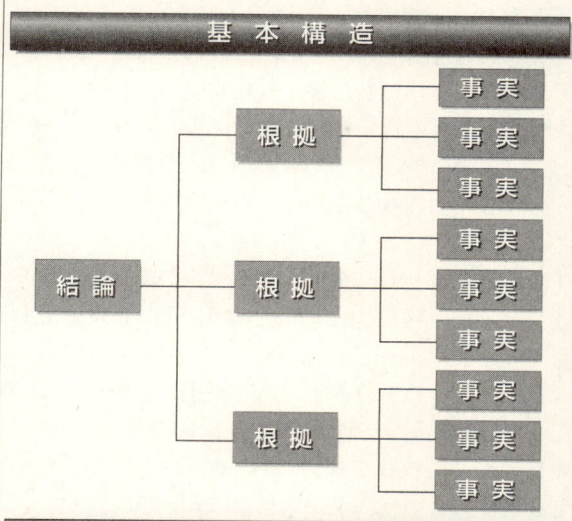

基本構造

結論 ─ 根拠 ─ 事実／事実／事実
　　　　根拠 ─ 事実／事実／事実
　　　　根拠 ─ 事実／事実／事実

3つのポイント

- 何が言いたいのか？→「結論」を明確にする
- 何が足りないのか？→フレームワークで必要な「根拠」を用意する
- 何が間違っているのか？→結論と根拠との「関係性」を意識する

客観的にわかるようにする！

人"の仲間入り。

　結論＝「要は、一言で言うと何？」を考えずに、話し出す人。

　これは、相手の時間をムダに奪っている。「で、何？」と聞かれても、答えられない。
「つまり、君の言いたいことは、こういうこと？」などと、相手に整理されてしまう。
「あれも、これも、それも」の状態のまま、話し出してはダメ。
「あれとこれとそれを、シャッフルして、そこから見えてくる、一番言いたいことは何？」。まず、それを明確にしよう。

　そして、それを聴き手である相手に、納得していただくための根拠（証拠や事実）を伝えるのだ。決して、独りよがりな根拠を伝えてはいけない。「相手が納得する根拠」ということが大切なのだ。

　そのためには、相手のこと（性格、能力、問題意識など）を知ること。相手のことがよくわかっていなければ、なぜ納得してくださるのか、わからない（このあたりについては、第3章で詳しく述べる）。

　こう考えれば、ロジカルになるのは簡単だ。
　まず、結論＝「一言で言うと何？」を明確にする。
　次に、相手に納得していただけそうな根拠（証拠や事実）を提示する。

これだけだ。

もし、納得していただけなかったら、どんな根拠を用意すれば納得していただけるのか、を仮説検証し続ける。

また、同じことでも、相手によって納得する理由(根拠)は違う。ここを、勘違いしないこと。同じテーマであっても、社長への提案と、担当部長への提案と、現場担当者への提案では、違って当たり前なのだ。

ロジカルシンキングを身につけ、これで万能！と思っても落とし穴がある。

やはり、人によって、根拠(証拠や事実)の組み立

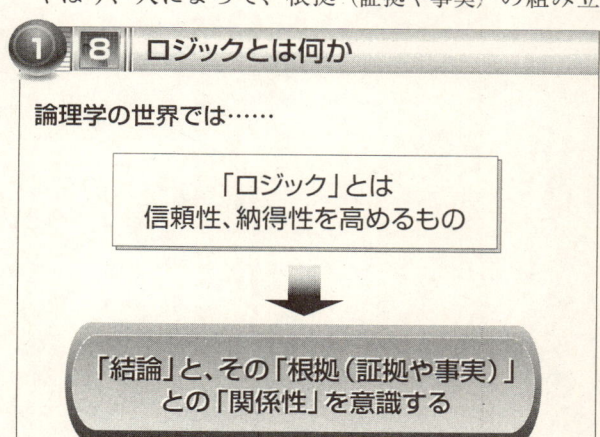

1-8 ロジックとは何か

論理学の世界では……

「ロジック」とは
信頼性、納得性を高めるもの

↓

「結論」と、その「根拠(証拠や事実)」
との「関係性」を意識する

ては変えるべきだし、変わるもの。
　ここを、しっかり頭に入れて、次へ進もう。

3 論理的思考＝ロジカルシンキング
～「思考法」と「ツール」で脳トレ

① 目的に合わせて使う

　一般的に、ロジカルシンキングのメインは「ロジックツリー」になっている。これは、確かにツールという意味では、正しいだろう。前述のように、新卒の新人を抱えている方なら誰でもこのような言葉を発しているものだ。
「君は、いったい、何を言いたいの？」
「だから、いつも言ってるだろう！　結論から言えって」
「で、つまり、何のことなの？　だから、要するに、したがって……？」
　この新人君の仕事のやり方、考え方を修正するのに、確かにロジックツリーは役に立つ。3つの箇条書きで話すこと。結論を先に言うこと。
　でも、気をつけていただきたい。いつも仕事ばかりして、奥さんとの会話をなおざりにしている方。家に帰っても仕事バージョンだと、老後は一人住まいになりますぞ！
　夫婦の会話では気をつけなければならない。

第1章◎ロジカルシンキングとは「わかりやすさ！」

妻「あのね、隣のご主人が今度、転勤なんだって。それで、隣の奥さんが、一緒に行くかどうか迷っているらしくてね。お子さんも三人いるでしょう。一番上のお嬢さんは、せっかく、いい私立中学に入学したのに……。で、転勤先が○○で、……。そしてね……。だから……。先生が……で、……」
夫「で、何なんだ、結論から先に言え！」
妻「……」

　これで、奥さんは二度と夫に世間話、近所の家の話はしなくなる。そして、定年と同時に、奥さんから三行半を突きつけられる。

　仕事で、ロジックツリー、結論から先に、ワンメッセージはいい。が、家庭では、シーンを十分わきまえなければいけない。あまりにも家庭にロジック文化を持ち込もうとすると、ややこしくなる。家庭に必要なのは、愛であり、支えであり、優しさであり、会話そのものである。もちろん、時に、厳しさも。だが、論理性・客観性は、それほど優先順位は高くない（なかには、論理性が求められる家庭もあるだろうが）。

　いったい、ロジカルシンキングとは、何なのか？　鋭くて、体系化されていて、論理的かつ知的に見えるのが、ロジカルシンキングなのだろうか。

　奥さんの言いたいことは、もっと近所の人とちゃんとお付き合いして欲しい！　もっと家のことを知って

欲しい！　もっと子供の教育のことを一緒に語りたい！はずなのだ。いろいろ言いたいから、話がバラバラになるのだ。話が情緒的になるのだ。

　それを論理的に時間をかけて整理してあげることは、とても大切だ。けれども、結論が重要なのではなく、プロセスにこそ家庭があり、夫婦があるのだ。プロセスにこそ、真の価値があるからだ。時間を共有すること自体が、大切な価値であり、目的なのだ。結果を追い求めすぎてはいけない。

　ロジカルシンキングとは、論理的思考。論理とは、「結論と現象に道筋」をつくって「わかりやすく！」結ぶこと。論理的思考とは、わかりやすく、納得がいくように考えることだ。

　したがって、奥さんが、日々、どんなことに悩んでいるのか？　自分にどんなことを語りたいのか？をしっかりと受け手は、プロセスを重視して、考えなければならないのだ。

　相手の言いたいこと・考えていることがわからなくて、「わかりやすさ！」はありえない。

　これから述べる3つの思考法・3つのツールは、できるだけ「わかりやすく！」するためのメディアであり、知恵である。が、前述のように、置かれたシーン・相手の状況・求められている答えによって、その使い勝手や比重は、大きく異なる。大切なのは、とに

かく「わかりやすく！」をモットーに考え、行動することだ。

つまり、ロジカルシンキングとは、相手の立場に立って、筋道をつくって、わかりやすく、納得してもらうように考え・思うことである。考えるだけでなく、「思う！」も入るのだ。プライベートなことで、「どうしようかなー」と悩んで止まるのはかまわない。「時間が解決する」ことも人生にはある。

しかし、ビジネスではそうはいかない。「いつか時間が解決するさ」では今期の目標は達成できない。ビジネスは組織・チームで共通の目標（ビジョン）へ向かって動いているのだ。誰かに止まっていられては、全体のスピードが遅くなる。

チームで目標へ向かっていることが、プライベートでの目標なき悩みとの違いだ。

ロジックツリーは、考え・思うためのツールの1つでしかない。大切なのは、相手は何を考えているのか？　今、ここで起きていることは何のためなのか？　解決の方向は？　ということにキチンと答えることなのだ。

ロジカルシンキングには、
　①3つの思考法
　②3つのツール
の計6つの要素が存在する。この6つの要素を自由に

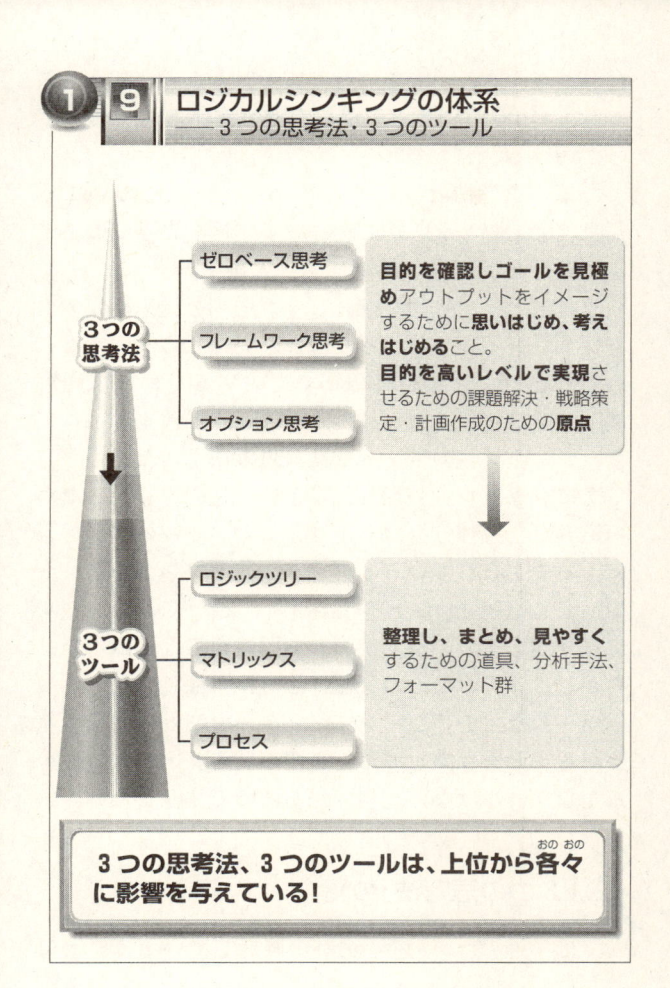

1-9 ロジカルシンキングの体系
──3つの思考法・3つのツール

3つの思考法
- ゼロベース思考
- フレームワーク思考
- オプション思考

目的を確認しゴールを見極めアウトプットをイメージするために**思いはじめ、考えはじめること。**
目的を高いレベルで実現させるための課題解決・戦略策定・計画作成のための**原点**

↓

3つのツール
- ロジックツリー
- マトリックス
- プロセス

整理し、まとめ、見やすくするための道具、分析手法、フォーマット群

3つの思考法、3つのツールは、上位から各々(おのおの)に影響を与えている！

第1章◎ロジカルシンキングとは「わかりやすさ！」 43

使いこなすことができると、新人とうまく会話もできるし、奥さん（旦那さん）ともお客さまともうまくやっていける。

では、思考法とツールについて、概説していこう（詳しくは、第2章以降に解説）。まずは、思考法とツールの関係だ（図1-9）。

思考法とは、目的を確認し、ゴールを見極め、アウトプットをイメージするために思いはじめ・考えはじめることだ。目的を高い質で達成するための課題解決・戦略策定・計画作成のための原点と言える。ロジカルシンキングのスタートは、思考法からだ。

次に、ツール。整理し、まとめ、見やすくするための道具だ。各種分析ツールは、このツールのアレンジによって生まれていると言える。若手コンサルタントやMBA（経営学修士）取得者は、とかくこのツールを振り回しやすいが、使い方を間違えると知識のひけらかし、分析のための分析に陥るから注意したい。

ツールは、そのシーンごと、テーマごとに効果の差があることを認識しておく必要がある。いつもいつも万全なツールはない。相性があるので注意したい。

②「3つの思考法」の紹介

では早速、3つの思考法から概括していこう。ゼロ

ベース思考・フレームワーク思考・オプション思考の3つだ。

　これら3つの思考法は、ＨＲインスティテュート・メンバーが、これまでのコンサルティング経験から「残すなら、この3つの思考法！」として最終的に選ばれたものだ。ゼロベース思考とフレームワーク思考は、「多くのコンサルタントが、あちこちで重視している！」と、これまでに何度も述べている思考法だ。私たちは、この2つの思考法に「オプション思考」を加えた。

　前述したように、ロジカルシンキングに関わるものとして、この3つの思考法よりももっと大きな次元のものとして「仮説思考」「コンセプト思考」「創造思考」がある。しかし、これらは、ロジカルシンキングよりも高い次元、大きな次元にある前提的思考法と考えるべきだ。

　本書で述べる3つの思考法とは、ロジカルシンキングを構成する要素としての思考法ととらえている。

　ロジカルシンキングの3つの思考法の概説を加えていこう。

　ある大手サービス業のＪ社。今1つ売上が伸びない。私たちは、研修×コンサルティングのワークアウト・プログラムの依頼を受けた。戦略事業についてのビジョン＆戦略策定プログラム／4カ月／8回／クラ

イアント主導の戦略策定支援プログラムだ。HRインスティテュートの得意とするプログラムの1つ。

1回目（初日）は、マクロ環境・戦略概論、マーケティング概論、ビジネスモデル概論、戦略分析ツール、戦略シナリオのノウハウ・ドゥハウのセミナーを実施する。

その後、自社のマーケット分析・競合分析演習を行い、宿題を出す。その宿題とは、自社（自部門）の戦略シナリオ策定、アウトプットイメージを埋めてくることだ。かなりハードだ。自分で自社や自部門のコンサルティングをするようなものだからだ。

残り7回は、埋めてきてもらったアウトプットイメージを360度の視野でディスカッションする。環境分析、事業目標、戦略体系、アクションプランと、ディスカッション・テーマは進んでいく。あくまで、アウトプットは、クライアントが策定するプログラムだ。

このワークアウト・プログラムは、次のようなコンサルティング・フィールド経験から生まれた。その経験とは、せっかく高いコンサルティング・フィーを払って、コンサルタントが立派なレポートを提示しても、その場ではそれなりに受けるが、実際のフィールドに降りていくと、リアリティが薄いと評されて、総論賛成・各論反対のメカニズムが働き、レポートは、埃だらけになってしまうケースが多いことだ。

だから、使えるレポート、実践するビジョン＆戦略にするために、自分たちで、自分たちの分析をし、自分たちの目標を立ててもらい、その実現のための戦略をつくってもらうのだ。これだと、実行される確率は、かなり高い。しかも、担当役員やトップに進言する。本気バージョン！　意思決定を迫る！　提案を突きつける！　のだ。

　このプログラムでとても気になるのが、今回のテーマである3つの思考法だ。「なぜ、その分析結果になるの？」「なぜ、このようなシナリオになるの？」「なぜ、先に結論を決めてから、その理由づけのために環境分析結果を抽出するの？」「もっと固定観念・既成概念を捨てて！」と何度も注意する。「客観的視点・ロジカルビューになぜなれないの？」「そう、『ゼロベース』で考えなければダメなんですよ！」。

　第三者であるコンサルタントにとって、**ゼロベース思考**は比較的容易だ。利害関係がないからだ。それまでのしがらみを気にしなくていいからだ。これが、コンサルタントの存在意義の1つでもある。社内のしがらみ・社内のパワーバランスを考えなくていい。が、どうしてもべき論になってしまいがちだ。

　この点でも、自分たちが社内コンサルタントに変身するワークアウト・プログラムは優れている。目からウロコ！　しがらみを破壊せよ！　創造的破壊あって

の進化！をこちらは力説し、勇気とエネルギーをもってもらうのだ。その原点が、ゼロベース思考。

ゼロベース思考とは、固定観念を否定した客観化であり、可能性の拡大であり、創造性の高揚でもあるのだ（図1-10）。

プロジェクトXがプロジェクトXになったのは、このゼロベース思考でプロジェクトが動いていたからだ。限界突破、無理難題のクリアは、ゼロベース思考が基本になる。

このワークアウトでは、HRインスティテュートが、宿題としてのアウトプットイメージを必ず提示することにしている。それは、勝手に目的やゴールだけを決めて、ビジョン＆戦略を策定してもらっても、そのシナリオのフレームのレベルが低くなってしまうからだ。マーケティングの4P、3C分析、5FORCES分析などは、もともと各分析テーマに合わせた項目＝フレームを規定している。

つまり、2番目の**フレームワーク思考**とは、考える時のプラットフォームであり、カテゴリーであり、範囲であり、切り口をしっかりと見極める思考法である。モレのない、ダブリのない視点の枠組みである。

ツールにもつながるのが、フレームワーク思考である。ただ、考え・思いをしっかりとしたフレームにして思考しないと、ムダやモレが多くなる。また、フレ

1-10 3つの思考法の意味

	意味(目的)	留意点
ゼロベース思考	・固定観念の否定 ・広い視野をもった客観化 ・可能性の拡大化 ・創造性の高揚	・ゼロベース＝白紙から考えることをルール化すること
フレームワーク思考	・考える時のプラットフォーム ・カテゴリー化 ・範囲の限定 ・整理 ・切り口の設定	・一定の知識が必要。フレームワークにはどんなものがあるのか、並べて、目的に合ったものをつくること ・あまり自分勝手になりすぎないこと
オプション思考	・考える時、思う時、決める時のプロセスに選択肢(オプション)を設定すること ・360度視野からの絞り込み ・ディスカッションの活性化 ・差の違いの明確化	・足して2で割ったり、3で割ったりしないで見切ることが重要 ・捨てた選択肢に未練をもたないこと

**3つの思考法は、目的達成の原点。
ロジカルシンキングの基本である。**

ームワークでの思考は、自分で勝手にフレームワークをつくるわけではないので、より客観的に、より体系的になる。フレームワーク自体から自分で考えてしまうと、どうしても独りよがりになってしまうのだ。

　会議を運営するファシリテーターがこのフレームワーク思考を習得していると、会議がよりスムーズに展開される。ガチャガチャ意見が整理され、視点が絞られていくからだ。人は人の話を聞いていない。だから、軸がズレた発言が多い。ズレた発言を同じ引き出しに入れてあげて、ポイントを言って、流れをつくっていく。このスキルの原点がフレームワーク思考なのだ。

　3番目の思考法は、**オプション思考**だ。

　世界のマーケティング・スクールのP&G（プロクター・アンド・ギャンブル）からは、多くの経営者が輩出されている。マイクロソフトのCEOのスティーブ・バルマー氏、AOL／タイムワーナー元会長のケース氏、GE（ゼネラル・エレクトリック）のCEOのイメルト氏などだ。このP&Gのマネジメント・ツール（プラットフォーム）として、次のようなミーティングの習慣があるという。

　「で、あなたは、この戦略の方向性をどう考えているの？　3つ言ってみて！　そのプラス面・マイナス面も付け加えてね。で、いつものようにその中から1つ

決めて！　で、その理由を言って。もちろん、30秒でね！」

　ＨＲインスティテュートでは、これに「オプション会議」という名前をつけて実践させていただいている。シリコンバレーで、ベンチャーキャピタリストたちがよく使う「エレベーター・ステートメント」でもある30秒思考と秒数が共通することもとても気に入っている。

　実際は、30秒では無理だろう。3分までＯＫ！　3分でオプションをさっとあげて、そのプラスとマイナスを付け加えて、1つ選んで、その理由も言う。これは、かなり鍛えられる。日本では、どうだろうか？
「次の会議までに、あの件の方向性の叩き台をとりあえずつくっておいてよ！　意見を出し合って、コンセンサスをとろう！　モレやダブリがないようにしないとね」

　で、どうなるか？　案は、丸くなる。みんなが、叩くのだ。切れ味がなくなる。「フォーカス＆ディープ！」という戦略の定義とは、ずいぶん、距離ができる。まあ、よくて、優先順位をつけよう！　全部はできないよ！　が、落としどころだろう。

　オプション思考は違う。選択肢を3〜5つあげて、1つに絞る。3つを足して3で割るなどというのはやらない。ほかの選択肢は全部捨てる。これが、オプシ

ョン思考。より戦略的、より切れ味鋭く、より見切りを強くさせるための思考法である。

　J社のビジョン＆戦略策定ワークアウトのアウトプットでは、この戦略オプションというマトリックスを議論の山場にした。戦略とは、捨てることだ！を体感し、習慣化することが重要なのだ。

③「3つのツール」の紹介

　思考法の次が、ロジカルシンキングのより具体的な道具としてのツールだ（図1−11）。この代表例は、コンサルタントの必須ツールの**ロジックツリー**。論理的樹木図だ。より演繹的（図書分類法的）に、上から落とし込む、上からブレイクダウンするための道具だ。ロジックツリー自体はツールだが、その背景には、前述したように、思考法も隠されている。

　ロジックツリーには、原因を追及するWHYツリーもあれば、解決策をより具体化させるHOWツリーもある。内容をよりブレイクダウンさせるWHATツリーもある。用途によって、使い分けることになる。ロジカルシンキング＝ロジックツリーというイメージがあるのも、このツールを基本にすると思考法も語ることができるからだ。

　ロジックツリーは、表現が、より一次元的なもので

1-11 3つのツールの意味

	意味（目的）	留意点
ロジックツリー	・樹木図 ブレイクダウン ・演繹的発想 ・部分化・細分化	・モレなく、ダブリなく！ ・3つごとに分けることがベストな方法（2つ、4つより3つ！） ・言葉の定義を明確にする軸のズレ、階層のズレに気をつけること
マトリックス	・相関図 彼我比較 ・位置化 ・2軸プロット ・セグメント化 ・クラスター化	・とにかく軸の設定が重要。軸の案を抽出し、組み合わせ、そして最適なものに決定 ・マトリックスの軸をつくり、中身をプロットして、あらためて軸を決めることも必要
プロセス	・時系列 フロー ・ステージアップ ・フェーズアップ ・価値連鎖	・全体のフレーム（フロー）を大きく区切っていくことが求められる ・はじめから細分化しないこと。大分類→中分類→小分類のブレイクダウンで進めたい

ツール＝知識でしかない。大切なのは運用の仕方、フォーマットを埋める考え方。

ある。軸は1つ、という意味だ。これに対して、二次元的なもの（2軸的なもの）が、**マトリックス**だ。縦軸と横軸の基軸を置いて、事業・商品・データ・アイデアなどをプロットし、整理・体系化するのだ。より分析的になる。ＳＷＯＴ分析、ＰＰＭ分析、戦略オプション・マトリックス、コア・コンピタンス分析などが、このマトリックスの典型だ。ワークアウトでもこのツールをよく使う。ロジックツリーよりもこのマトリックスの方が、戦略シナリオやビジネスプランづくりには多用される。

　お客さまをセグメント別に分類したり、競合商品と自社の商品を比較する時などは、このマトリックスが必須のツールになる。

　3つ目のツールの**プロセス**とは、工程・過程・時系列を意味する。モノの流れ、お金の流れ、価値の流れ、業務の流れ、時間の流れなどを表現・整理・分析するものだ。

　例えば、業務プロセスや価値連鎖（バリューチェーン）の分析をするビジネスシステム分析、事業や商品の過去・現在・未来の地図である事業ロードマップ・商品ロードマップなどが、このプロセスの典型だ。プロセスは、より時間軸を意識したものになっている。

　Ｊ社のワークアウトでは、戦略策定のあたりで、この「ロジックツリー」「マトリックス」「プロセス」と

いうツールによる課題ツリー、ＳＷＯＴ分析、ＰＰＭ分析、戦略オプション・マトリックス、コア・コンピタンス分析、ビジネスシステム分析、事業ロードマップ、個別戦略ツリー、戦略〜アクションツリーなどのツールが、フルに具体的に活用されていった。

　ワークアウトに活用したツールのチャートやフォーマットは、ワークアウト後、Ｊ社ではほかの会議や事業計画策定に使われはじめていった。Ｊ社のビジネス・プラットフォームとして、ロジカルシンキングがツールという形で浸透していったのだ。

　とはいっても、ロジカルシンキングは「わかりやすさ！」が大切だ。単なるツールのオンパレードではいけない。いかに、組織内の思考の文化〜ビジネス・プラットフォームになるかが、重要なのだ。

　ロジカルシンキングは、ビジネスパーソンの必須条件になってきている。なぜなら、ますます市場が成熟化し、より高度なビジョン構想力、より柔軟な戦略発想が求められてきているからだ。待ったなし！　なのだ。

　３つの思考、３つのツールは、各々ロジカルシンキングの要素にすぎない。実際の思考のシーン（会議、ミーティング、商談、報告、レポート＆提案書作成など）ではこれらの６つの要素を適宜、組み合わせなければならない。

本書は、一つ一つ説明をこれから加えていくが、大切なのは、いつどこでどうやって何を選んで、どう組み合わせるかだ。そのためには、一つ一つを十分に自分のものにすることが肝要なのだ。

まとめ

ロジカルシンキングとは「わかりやすさ！」

★3つのポイント★

1) 相手を論理で打ち負かすことが目的ではない。相手に納得していただくために活用しよう。
2) この3つの質問に答えられるか？
   ① 一言で言うと？（＝結論は何？）
   ② どうして？（＝その根拠は何？）
   ③ ①と②が、独りよがりになっていないか？
3) ツールを使うことで、思考法が鍛えられる。思考だけにとどまらず、ツールで思考を「見える化」していこう。

第2章

「3つの思考法」で、やわらかく、ツヨイ地頭に

1 頭の中をやわらかく、かつツヨク！

① 思考法を使い分ける

「頭のいい人」「できる人」には共通する特徴がある。複雑な問題をシンプルに整理して解決できる。発想が豊かで、どんどん新しいアイデアが浮かぶ。サクサク仕事ができる。決断が速い。未知のことにも答えを出せる……。

なぜ、どんどん、サクサクできるかというと思考法を身につけているからだ。

思考法とは、どう考えるかの方略だ。方略とはストラテジー、打ち手、方法だ。同じ問題を「よーい、どん」でやってみると、この方略の違いがわかる。
「それでは、あなたの部門の問題点をモレなくあげてみましょう」と言われた場合、思考法初心者は、とにかく思いつくままに問題を羅列していく。例えば、こうなる。コミュニケーションが悪い、目標が曖昧、責任の所在が不明確……。

一方、思考法熟達者は、こう考える。部門の問題には大きく分けて、定量的な問題と定性的な問題があるな。まず、定量的な問題を考えると、売上が伸び悩ん

でいる、利益率も落ちているな、反面、経費は……。次に定性的な問題は、仕事が属人的になっていて部門としてのナレッジが蓄積されていないな、コミュニケーションは……と、考えていく。

思考法初心者の考え方では、モレなく問題点があがったかどうか確かめようがない。自分が「これで全部」と思った時点が「モレなく」の状態ということになる。一方、思考法熟達者の考え方では、定量的な問題で検討していないことはないか、定性的な問題で検討していないものはないか、とそれぞれの観点からモレのチェックができる。これで思考法熟達者は最初のアドバンテージがあげられる。

思考法熟達者は、情報をインプットした（された）瞬間、
＊全体か部分か〜鳥の目か虫の目か
＊短期か長期か〜時間軸は？
＊抽象化か具体化か
＊整理だけか解決策もか
といった軸、次元が頭の中にイメージ絵として浮かんでくる。

どういうオケージョン（時・場面）で、どういう思考法をどう使えばいいかを知っていると、熟達者のアドバンテージをあげることができるのだ。

ロジカルシンキングの思考法は３つ。**ゼロベース思**

考、**フレームワーク思考**、**オプション思考**だ。

ゼロベース思考は、「これまでの延長線上に答えはない」という場合に使う思考法だ。新しいビジネスアイデア、ビジネスシステム、市場、商品、売り方、ストレッチした売上目標、効率化、能力向上などなど。古い頭では解決策が見出せない問題に直面したら、ゼロベース思考だ。デリート思考、リセット思考、創造的破壊思考＝変革思考とも言える。

フレームワーク思考は、「モレなく考える」場合に使う思考法だ。業務上の問題を洗い出せ、経営課題をあげよ、市場を分析せよ、戦略を策定しなさい、企画を立案せよ、報告書を出しなさい、新しい事業のフィジビリティ・スタディ（可能性探索）をしなさい、計画書をつくりなさい、パフォーマンスを評価しなさい、競合分析をしなさい、顧客分析をしなさい、などなど。必要な情報やデータをモレなく集める、検討事項をモレなく分析するという必要に迫られたら、フレームワーク思考だ。コンサルタントは、このフレームワーク思考は得意だ。

オプション思考は、「客観的な結論を出す」場合に使う思考法だ。戦略の打ち手を決める、ターゲットを決める、開発の方向性を決める、提案の方向性を決める、問題の解決策を決める、パートナーを決める、事業の再統合を決める、などなど。意思決定を迫られた

らオプション思考だ。選択肢を用意して深く検討・決定する思考法と言える。

オケージョンごとに使える思考法を知っていれば、どんどん、サクサクと「できる人」になれるのだ。「行き詰まったら**ゼロベース思考**、分析には**フレームワーク思考**、意思決定には**オプション思考**」と覚えておけばいい。

時・場面によって、これらの思考法から最適なものを選択できる人が「わかりやすい人」になるのだ。

② 無限ループから抜け出す

A社はエンジニアリング会社で、もう何度となく「国内市場は飽和状態、海外に市場を求めるしかないのではないか」という議論をしているが、結論が出ない。出てくる意見は、海外に出るには実績が足りない、人材が足りない、リスクが大きい……。しかし、このままでは市場の縮小とともに事業規模を縮小せざるを得なくなる。やはり、海外市場に打って出るしかないのでは、しかし、……。

この無限ループから抜け出るために、A社はまず、ゼロベースで考えてみた。

＊どこに、どれだけの市場があるか
＊どんなチャンスがあり、どんな脅威があるか

*どこをターゲットとすべきか
  *市場は何を求めているか
  *競合する企業にはどんな会社があるか
  *この市場で成功するための要因は何か
  *この市場で活かせる自社の強みは何か
  *この市場で成功するために自社に足りないものは何か

　そして、収集した情報をフレームワーク思考でまとめてみた。3Cのフレームワークで括ってみて、モレがあれば、さらに情報を追加するというやり方だ。3Cのフレームワークとは、Company（自社環境）、Competitor（競合環境）、Customer（市場・顧客環境）だ。そして、集まった情報を分析し、海外市場参入の打ち手を考えてみる。

　海外市場参入の打ち手は複数ある。そこで、オプション思考で選択肢を考えてみる。選択肢は3つにまとめられた。どの選択肢にもメリット・デメリットがある。どれか1つを選ぶということは、何かを捨てて、何かを取るということだ。A社は、徹底的に議論した。そして、ついに長年の懸案事項に結論が出た。

　3つの思考法のエッセンスをまとめると次のようになる。

ゼロベース思考
  *固定観念を取り払い、視点を変えて考える

＊問題を異なる角度から考える
フレームワーク思考
　　＊何を検討すれば意思決定できるのか、そのために
　　　どのような情報を収集すべきかの枠組みを考える
　　＊収集された情報をどのような枠組みで整理、分析
　　　すべきかを考える
オプション思考
　　＊より客観的な意思決定のために選択肢を考える
　　＊見切りある、行動につながる意思決定を行う
　　３つの思考法は、Ａ社のように問題解決のプロセスに沿って使うと効果的だ。無限ループに入り込んでいる問題を３つの思考法で検討し直してみることをおすすめする。

　　そして個人としても、ビジネスに失敗したり、成果を出せなかった時、あなたは「あの時、こう考えればよかった、ああすればよかった」などと後悔してはいないだろうか。後悔している人は、ロジカルシンキングにおける「３つの思考法」のどれか、またはどれも使っていない場合と考えて間違いない。

　　一方、この３つの思考法をバランスよく使って出した結論の場合には、あとになっても決して後悔しないはず。

　　それはなぜか？　要は、モレなくカタヨリなく全体像をつかんだ上で、主体的に考えて選択した結論であ

れば、たとえ失敗に終わっても、後悔はしないからだ。その段階での自分の能力および条件において、最善の選択だったのだから、あきらめもつく。

　しかし、思い込みに基づいた推論や行き当たりバッタリの思いつきで出した結論での失敗は、あきらめようにもあきらめきれない。「なんで、これに気づかなかったのか？」「なぜ、あと一歩ここまで考えなかったのか？」など、自分に対して腹立たしい思いを抱いてしまう。「何でなんだ！」と自分を責めても無意味。

　解決策は、いたってシンプル。3つの思考法を習慣化することだ。

「わかりやすい！」とは、よく思い、よく考えてはじめて出てくるものだ。この時、でたらめに思い・考えるのではなく、3つの思考法をその時、その場面で活用できるようになると「わかりやすい人！」になれる。

　最初は、3つの思考法を別々に考えて意識して実践していくとよい。そして、少し慣れてきたら、この3つの思考法を組み合わせることだ。

　そして、何度も何度も意識して実践していくと次第に3つの思考法が融合していき、無意識に自然とバランスよく、タイミングよく、各々(おのおの)の思考法が自由に使えるようになっていく。

「習慣化」させることが大切なのだ。

2 思考法1:「ゼロベース思考」で自由に
=とらわれ&しがらみからの脱出を実現する

①「思考の枠組み」を疑う

ゼロベース思考は、「これまでの延長線上に答えはない」という時の思考法だ。新しいことを考える時にゼロベースで考えてみようというのは誰でも思いつくことだが、実は日々の問題解決には常にゼロベース思考が必要だ。過去の成功は今日の失敗のもと。深く考えることなく自動的に答えを出していると気づいた時には競争力がなくなっていることになる。これは、企業も個人も同じだ。

少々古い話だが、「ソニーがソニーになった」大切な話なので例に出しておこう。トランジスタ・ラジオが開発されて間もなく、ソニーの創業者盛田昭夫氏は、アメリカを隈なく歩きまわり営業活動をしていた。今でこそソニーといえば世界ブランドだが、当時はまだ名もなき零細企業。トランジスタ・ラジオは唯一の主力製品。アメリカ市場で売れなければ、次の商品の開発費用が捻出できない。

盛田氏の努力の甲斐あって、ある営業先から見積り依頼をもらった。チェーン店を展開する大手小売企業

である。5000個、1万個、5万個、10万個発注した際の、それぞれの見積りを出して欲しいという依頼だった。年間10万個！　なんと魅力的な申し出だろう。しかし、年間10万個となると現在の生産体制では到底追いつかない。さて、どう見積りを出すべきか。盛田氏は考えた。

　いよいよ、見積り額を提示する日になった。盛田氏はこんな見積りを提示した。「5000個の注文は定価で受けましょう。1万個の場合は値引きします。5万個になると定価以上の価格になります。10万個では5万個の場合よりさらに高額となります」というものだ。つまり、大量注文になればなるほど価格が上がるという見積りだった。

　当然、顧客は「それはどういうことか」と不満を述べた。大量に買えば価格が下がるのは当たり前ではないか。こんな非常識な見積りは見たことがないというわけだ。

　盛田氏は、こう切り返した。年間10万個の製品を提供するには、ソニーは新たな生産体制を整えなければならない。高額な投資をして量産体制を整えても、御社が次の年に10万個の注文を出す保証はないではないか。だから、わが社は10万個の注文ですべての償却費をまかなわねばならないのだ。10万個購入する意志があるなら初年度はこの値段でお願いします。翌

年からは、大幅に値引きできますよ。

　結局、取引は双方にメリットのある1万個で成立した。この時の盛田氏の思考プロセスが、まさにゼロベース思考だ。10万個という話に心躍ったが、すぐに自社の生産能力という壁に突き当たる。注文量が増えれば割引率が上がるのは常識だが、設備投資にはお金がかかる。翌年、また10万個の注文が取れる保証はない。

　ここで盛田氏は、ゼロベース思考を働かせて、自分の思考の枠組みを疑ってみた。
　＊注文量が増えれば割引率が上がるという常識は絶対か
　＊10万個という大量受注にこだわらねばならないか
　＊リスクはメーカーが負うべきという常識は絶対か

次にゴールを設定してみた。
＊自社と相手がWIN-WINになれること
＊リスクを最小限にすること
＊相手を納得させること

最後に、問題の解決策を考えた。
＊相手の固定観念を打ち破るロジックとは何か
＊双方にメリットのある帰結点はどこか
＊誠意をどう伝えるか

人は誰でも自分の思考の枠組みをとおして考えている。平たく言うと、それぞれが自分の色メガネでものを見ているということだ。個性的なものの見方と言えば言えなくもないが、ひっくり返すと偏見、先入観、固定観念となる。論理的に考えようとする時、最も大きな障害となるのがこの色メガネだ。

　この色メガネのやっかいなところは、本人にかけているという自覚がないことだ。また、これが集団になるともっといけない。「うちの会社」の色メガネになる。「うちの会社の特殊事情」が行く手を阻む。さらに進むと、業界特性という色メガネも出てくる。「なぜ談合が悪いのか。誰にも迷惑はかけていない。業界内は WIN-WIN の関係が成り立っている」といった奇妙な論理が飛び出したりする。

　このほかにも、立場や経験、常識、原因のとらえ方といったさまざまな思考の枠組みがある。よく笑い話になる銀行の頭取の意思決定パターン「前例はあるか」「金融庁はなんて言ってる」「ヨソはどうしてる」というのも「思考の枠組み」の1つだ。

　こうした思考の枠組みを取り払って考えるのがゼロベース思考だ。自分ではまっさらで考えているつもりでも、結構、既成概念から抜け出ていないということが多い。

　思考の枠組みを取り払う方法をあげておこう（図2-1）。

2-1 ゼロベース思考を阻害する3つの要素と対処法

思考の枠組み
※常識、立場、体験、偏見、先入観、固定観念

目的レス
※現象にとらわれ、考える目的が見えなくなる

問題→答えの短絡化
※問題が明確に定義されないために解決策が短絡的になる

対処法

- 業界の常識を疑ってみる
- 業種のとらわれを捨ててみる
- 部門の枠を超えてみる
- 役職を離れて考えてみる
- 企業の限界を脇において考えてみる
- 成功体験をそのまま新しい取り組みに適用しない
- 失敗の経験から新しい試みを恐れない
- 長い経験からの自動思考に落ち込まない
- 経験がなくても怯(ひる)まない
- これまでの知識を総動員したあと、一度それを忘れる
- 自社の常識を疑ってみる
- 背後にある原因や問題の本質を見極める
- ゴールを設定する
- 反応的な答えに走らない
- 一呼吸おいて問題を定義してみる

「これまでの延長線上に答えはない」時、古い頭では解決策が見出せない時には、ゼロベース思考!

デリート、リセット、創造的破壊、変革、変身、改革……といった、かなり刺激的な言葉が前提になっているはずだ。

例として「アポロ13号」をあげよう。

その事故は、1970年4月13日の金曜日に起きた。月に向かう途中で、液化酸素タンク爆発によって多くの機能を失ったアポロ13号は、地球への帰還が絶望視された。

そんな中で、アポロ13号とケネディ宇宙センターのNASAスタッフがさまざまな奇跡を起こした。機能不全化した機器、部品を常識にとらわれない形で結合、統合、代替化して危機を乗り切ったのだ。

アポロ13号チーム全体でのゼロベース思考は、これまでの枠組みをはずすことを前提にして「絶望の淵に立っていても決してあきらめない！　人の意見を信じる。まずは、やってみる！」ことの大切さを強く教えてくれた。

②「目的レス」と「答えの短絡化」を克服する

「思考の枠組み」のほかにも**ゼロベース思考**で克服すべき要素が2つある。

1つは、目の前の現象にとらわれ、考える目的が見えなくなる「目的レス」。もう1つは、問題が明確に

定義されないために解決策が表層的になる「答えの短絡化」だ。

まず、現象にとらわれ、何のために考えるかが見えないケース。目的を確認せず、やみくもに考えても優れた問題解決はできない。

X社では残業が多いことが問題となっていた。解決策を考えるべく社員が集まり議論をしたが、なかなか結論が出ない。Aさんは残業代を問題とし、Bさんは特定の人に残業が集中することを問題とし、Cさんは人の数が足りないことを問題とし……と、拡散するばかり。

なぜ拡散するかというと、ゴールが設定されていないからだ。「残業が多い」というのは現象であって、解決すべき課題ではない。スタッフの作業効率が悪いから残業が多いのか、業務プロセスがまずいから非効率が生じているのか、やる気のあるスタッフが自己研鑽も兼ねてプラスアルファの仕事をしているのか、原因により解決すべき課題は違ってくる。

目的が、スタッフの作業効率を上げることなのか、業務プロセスを効率化することなのか、ライフワークバランスの考え方を職場に導入することなのか、やる気のあるスタッフの自己研鑽を支援する仕組みを確立することなのかで議論すべき内容が変わってくる。現象にとらわれて、その背後にある原因や問題の本質を

見極めることができないと、目的をゼロベースで考えることができなくなる。

　2つ目は、問題が明確に定義されないために解決策が表層的で短絡的になるケース。

　Y社は激化するグローバル競争にさらされていた。役員たちは考えた。なぜ、わが社はグローバル化できないのか。それは社員がグローバル化していないからではないか。では、社員のグローバル化に取り組もう。社員のグローバル化をはかるにはどうしたらいいか。英語力を評価に入れることではないか。ということで、昇格試験に英語の試験が設けられることになった。

　Y社の結論を支える論理は、こうだ。どこがおかしいかは、すぐに気づくだろう。
「英語を話す人はグローバルである」
「彼は英語を話す」
「ゆえに、彼はグローバルである」

　これは、「AならB。CはA。よって、CはBである」という演繹的三段論法に間違いがあるのだが、そんな難しいことを言うまでもなく、グローバルな人を思い浮かべれば、すぐに何が間違いかがわかる。グローバルな人は英語を話すが、英語を話せればグローバルであるかといえば、そんなことはない。つまり、英語を話すことはグローバルな人の必要条件ではある

が、十分条件ではないということだ。

　Y社の論理の欠落はこれだけではない。グローバル競争力とは何か、グローバル化とは何かをゼロベースで考え、定義することなしに、いきなり人の問題に帰結してしまっているところにも論理の欠落がある。

　グローバル競争力はブランド力に支えられていることもあれば、商品力、価格競争力、チャネル力、経営層の国際化、経営システムや資金調達力などなど、多様な要素により支えられている。人の問題は確かに重要だが、それがすべてではない。

　こうした傾向はY社に特別なものではない。問題の定義を疑うことなく、短絡的な解決策を導き出していることが驚くほど多いのだ。

　例えば、こんな会話に思い当たることはないだろうか。

「業績が悪い」→「営業のがんばりが足りないからだ」

「新商品の開発スピードが上がらない」→「開発に目標必達意識がないからだ」

「競合商品におされている」→「販売促進が足りないからだ」

「業務効率が悪い」→「ＩＴ化が遅れているからだ」

　こうした条件反射的な反応から抜け出るのがゼロベース思考だ。業績が悪かったら、いきなり営業にはっ

第2章◎「3つの思考法」で、やわらかく、ツヨイ地頭に　73

ぱをかけたい気持ちをしばし抑え、業績が悪いとはどういうことかを考えてみる。利益率が落ちているのか、客数が減っているのか、特定のエリアの売上が落ちているのか、販売管理費が増えているのか、問題は1つか、複数か。売上が落ちているなら、どこでどういつから落ちていて、その原因は何かを考えてみる。大事なのは、即応的な答えに走らないということだ。一呼吸おいて問題を定義してみる。これが大事だ。

以上、**ゼロベース思考**で克服すべき「思考の枠組み」「目的レス」「答えの短絡化」を見てきたが、ここからは、どうしたらゼロベースで考えることができるかを見てみよう。

③ 時間・空間を超える

中国に「三上（さんじょう）」という言葉がある。いい考えが浮かぶ場所は「馬上（ばじょう）」「枕上（ちんじょう）」「厠上（しじょう）」の3つという意味だ。馬上は、現在では車や電車の中ということになるだろうか。枕上は布団の中、厠上はトイレの中だ。

ふと無になる、ゼロになる場所で思いもよらない考えが浮かぶというのは今も昔も変わらない。集中力が最大化する場所だ。ただ、普段考えに考え抜いているから「三上」に意味があるのであって、何も考えていない人にとって布団の中は眠る場所でしかない。

ゼロベース思考が重要だといっても、いつもいつもゼロから考えていては非効率極まりない。通常は、経験や知識をベースにスピーディに思考することの方が重要だ。ゼロベース思考が必要となるのは、次のような時だ。

＊考えに考え抜いたあと
＊困難な問題にぶつかった時
＊まったく新しい発想が必要な時
＊重要な意思決定をする前

　考えるというのは、なんらかの問題に意識を集中する作業だ。集中は視点を絞り込み、一点を凝視することだから、必然的に視野が狭くなる。この狭まった視野を、ぱっと拡げ、問題を違った角度から見ることができるのがゼロベース思考だ。ゼロベース思考をしようと思っても、なかなか視点を変えるのは難しい。難しいが、解決策が２つある。

　１つは、空間軸での解決。もう１つは、時間軸での解決だ。空間軸での解決とは、「三上」のように自然と無になれる、ゼロになれる場所に身を置いてみることだ。ちょっと散歩してみる、腹式呼吸をしてみる、瞑想してみるというのもいいだろう。

　時間軸での解決とは、考え抜いたら、少しその問題から離れてみるということだ。よく思考の発酵作用と言われるのが、これだ。寝かせることにより思考を熟

成させるというわけだ。しばらく置くと同じ問題も違った角度から見ることができる。思考熟成、仮説熟成という言葉もあるぐらいだ。

「三上」のような空間でなくても、場を変えることで発想を転換させることは可能だ。例えば、研究室にこもっていた医者が、臨床という場を経験することで治療に対する考え方が変わるといったことが起こる。研究室では癌細胞というレベルで治療を考えている。ところが、実際に癌患者と会話を交わすことにより、患者の生活の質を高めるための治療を考えるようになる。

これは、開発者が研究室を出て顧客の声を直接聞くことで新しい視点を得るのと同じだ。トップにとっての「三上」は、「三現主義」になるのではないか。現地・現物・現場だ。

④ ベストプラクティスから気づく

ゼロベース思考といっても、無から有が生じないように、まったくのゼロから新しい発想は生まれない。偉大なる発見、革新的発想はたいていアナロジーから生まれている。2つのまったく異なる分野の現象や法則に共通点を見出し、応用するためには、その2つの分野の知識が必要だ。

そこで役に立つのが、ベストプラクティスだ。ベストプラクティスとは、最も優れた戦略、方法、技術、システム、手法、特性などを研究し、自分流にアレンジして具現化することだが、分野を問わずベストプラクティスをたくさんもっている人は、ゼロベース思考がしやすい。

蜂の巣が壊れにくいことからハニカム構造を考えたり、ヘビが自分の尻尾を嚙むところからベンゼン基を発見したりというようなことができる。競合企業がどうしているかより、まったく業種の異なる企業がどのような方法で成功しているかの方が参考になることもある。

ただ、ここで重要なのは、単に事実を知っていればいいということではないということだ。それが何を意味しているか、現象の背後にある法則は何かといった原理や仕組み、法則や意味といった奥の奥にあるもの（本質）を理解していないと役に立たない。

漠然とものを見ないで、その現象を引き起こしている原因は何か、その現象はどのような構造になっているか、どのような要素で構成されているかと思考を働かせることで、その後使えるベストプラクティスとなるかどうかが決まる。

創造力を働かせる時、人は何かを組み合わせたり、組み替えたり、異なる角度から見てみたり、何かを取

り除いてみたり、足してみたり、編集してみたり、逆向きにしてみたりする。ゼロベース思考をしている時の頭の中もこんな作業が瞬時に行われ、ひらめきとして意識にのぼるのだ。

　ゼロベース思考を一言で言うと、「集中して離れる」ということだ。筋肉を緊張させ、ふっと力を抜くと血液がさっと流れるように、思考に思考を重ね、ふっとゼロになると、突然、新鮮なアイデアがさっとひらめくのだ。

3 思考法2:「フレームワーク思考」で全体を押さえる
=「鳥の目」で全体を把握できれば、もう安心

① 思考がスピードアップする

フレームワーク思考とは、「モレなく考える」ための思考法だ。ものごとを理解しやすくしたり、説明しやすくするために、フレームワーク（枠組み）を使って考える。画家が大自然の前に立って、さあどこを描こうか？ と考える時、指で四角いフレームをつくってみるのと似ている。フレームワークで考えると、漠然とした状況や、ランダムな情報が整理され、そこに意味や課題、法則や可能性を見出すことができる。

企業の経営力を見る時、まずは「成長力」「収益力」「競争力」「安定力」「規模」という大きなフレームワークでチェックしてみる。さらに詳しい分析が必要な場合は、経営指標を使って分析を行うだろう（図2-2）。

企業の魅力度や健全性を考える時は、「経営全般」「製品／サービス」「革新性」「長期投資価値」「ファイナンス」「人材確保＆維持」「社会環境責任」「資産活用」「国際ビジネス」といったフレームワークが使われる。

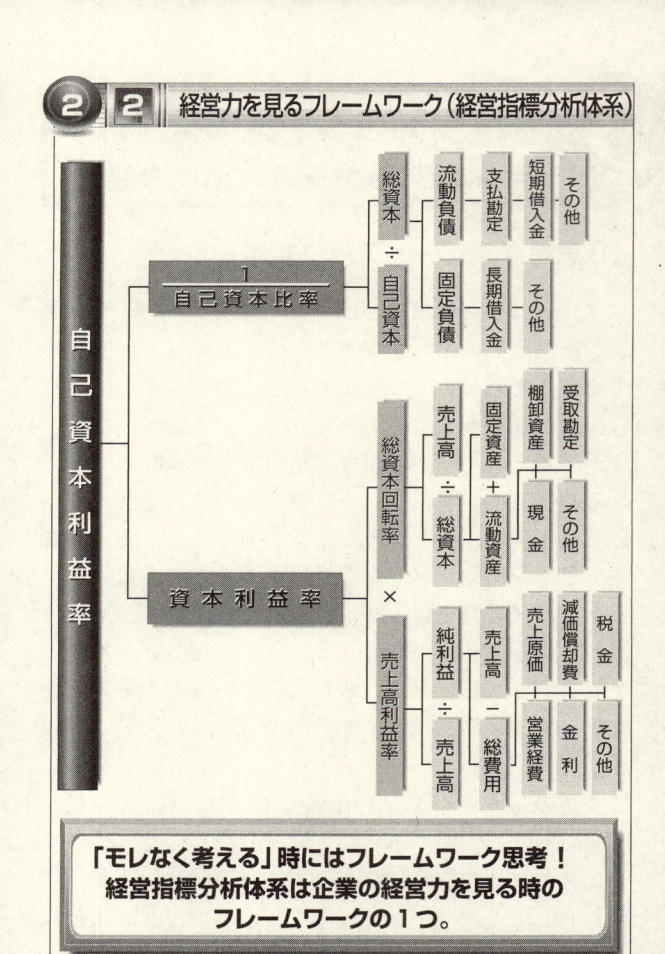

2-2 経営力を見るフレームワーク（経営指標分析体系）

```
自己資本利益率
├─ 1/自己資本比率
│   └─ 総資本 ÷ 自己資本
│       └─ 流動負債
│           ├─ 支払勘定
│           ├─ 短期借入金
│           └─ その他
│       └─ 固定負債
│           ├─ 長期借入金
│           └─ その他
│
└─ 資本利益率
    ├─ 総資本回転率
    │   └─ 売上高 ÷ 総資本
    │       └─ 固定資産 + 流動資産
    │           ├─ 棚卸資産
    │           ├─ 受取勘定
    │           ├─ 現金
    │           └─ その他
    │
    └─ × 売上高利益率
        └─ 純利益 ÷ 売上高
            └─ 売上高 − 総費用
                ├─ 売上原価
                │   ├─ 減価償却費
                │   ├─ 税金
                │   ├─ 金利
                │   └─ その他
                └─ 営業経費
```

**「モレなく考える」時にはフレームワーク思考！
経営指標分析体系は企業の経営力を見る時の
フレームワークの1つ。**

フレームワークは大きく分けて2つの種類がある。1つは、目的に応じてどのような視点で情報を収集・分析すべきか示してくれる分析のフレームワーク。もう1つは、提案や報告をどのようにまとめ、構成すれば効果的に伝えられるかを示してくれる表現のフレームワークだ。

　分析のフレームワークは5つのカテゴリーに分類できる（図2-3〜2-4）。

①要素のフレームワーク→例：4P
②構造のフレームワーク→例：ビジネスシステム
③抽象レベルのフレームワーク→例：ビジネスヒエラルキー
④順序のフレームワーク→例：プロダクトライフサイクル
⑤位置づけのフレームワーク→例：PPM

　5つのフレームワークは、ものごとを分析的に考える方法を表している。それはどんな要素で構成されているか、構造はどうなっているか、どの抽象度のレベルの話か、どのようなフローで展開されているか、全体の中でどう位置づけられるか。これらを考える時に既存のフレームワークを参考にすると思考のスピードが格段に上がる。

　例えば、上司に「うちのマーケティングの課題点をまとめておいて」と言われたら、すかさず、要素のフ

2.3 分析のフレームワークの例（1）

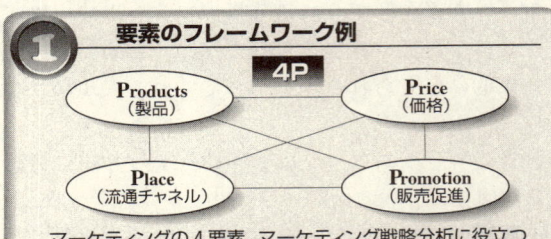

① 要素のフレームワーク例

4P
- Products（製品）
- Price（価格）
- Place（流通チャネル）
- Promotion（販売促進）

マーケティングの4要素。マーケティング戦略分析に役立つフレームワーク

② 構造のフレームワーク例

◆ビジネスシステム（メーカー例）

研究 → 開発 → 調達 → 生産 → 販売 → 物流 → フォロー

ビジネスをバリュー（価値）の連鎖で構造化したもの。原因分析、課題分析に役立つフレームワーク

③ 抽象レベルのフレームワーク例

◆ビジネスヒエラルキー

- ミッション
- ビジョン
- 戦略
- 計画
- 管理
- 業務

戦略経営に必要な6レベル。企業活動の問題・課題の分析に役立つフレームワーク

2-4 分析のフレームワークの例(2)

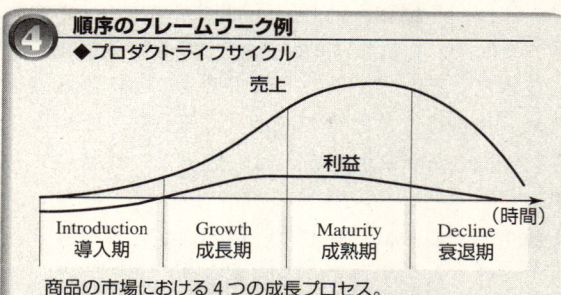

④ 順序のフレームワーク例
◆プロダクトライフサイクル

| Introduction
導入期 | Growth
成長期 | Maturity
成熟期 | Decline
衰退期 |

縦軸:売上/利益、横軸:(時間)

商品の市場における4つの成長プロセス。
開発戦略、プロモーション戦略の分析に役立つフレームワーク

⑤ 位置づけのフレームワーク例
◆PPM

	高 ←自社の競争力(市場シェア)→ 低
市場の魅力度(成長性) 高	**Star** 花形	**Problem Children** 問題児
市場の魅力度(成長性) 低	金のなる木 **Cash Cow**	負け犬 **Dogs**

市場におけるポジションを表す4つの象限。
商品、事業の位置づけを分析するのに役立つフレームワーク

ものごとを分析的に考える時は、フレームワークが役に立つ。要素、構造、抽象レベル、順序、位置づけを切り口に、独自の分析フレームワークをつくってみよう。

レームワーク「4P（プロダクト・プライス・プレイス・プロモーション）」に沿って情報収集するのだ。「製品」に関する情報、「価格」に関する情報、「流通チャネル」に関する情報、「販売促進」に関する情報の4つの要素だ。そして、それぞれの要素ごとに課題点をまとめ、最後に全体として何が言えるかをまとめる。より客観的な分析にしたければ、競合との比較も4Pに沿って行うといい。

　構造のフレームワークは、何と何がどう組み合わさって全体となっているかを表すものだ。これは、要素の羅列から一歩進んで、要素間の関係も表している。例にあげた「ビジネスシステム」は、自社も含めたビジネスの当事者を製造業としてのモノづくりの流れ＝プロセス（システム）物流、商流、情報流で結び、ビジネス全体を構造化して見せている。新しいビジネスモデルを考える時、事業構造や市場構造を考える時に参考になる。

　抽象レベルのフレームワークは、レベルの異なるものをごちゃ混ぜにしないためのフレームワークだ。事業全体の方向性をどうしようかと考えている時に、個別商品のプロモーションの話をしたらおかしい。例にあげた「ビジネスヒエラルキー」は、経営要素を抽象度に従ってヒエラルキー化したものだ。計画レベルの話を戦略レベルの話と一緒にしたり、戦略の議論に目

標の議論を混ぜ込まないために活用する。

　順序のフレームワークは、時間軸に沿っての変化や手順をフレームワーク化したものだ。例にあげた「プロダクトライフサイクル」は、製品が市場に登場してから市場を去るまでのプロセスを表している。

　人間の一生もライフサイクルと呼ばれ、幼児期、少年期、青年期、成人期、壮年期、老年期というフレームワークで表される。幼児期に何をやっておくべきか、青年期にはこんなことが起こりやすいからどう対処すべきかと考えるように、製品にも、成長期に一気にシェアを取れ！　とか、導入期にプロモーションを強化せよ！　といった打ち手がある。順序のフレームワークは、仕事の手順、流れを確認するフローとしてよく使われている。

　位置づけのフレームワークは、どのようなステージのどのあたりにいるかを確認するためのフレームワークだ。ステージの設定がポイントとなる。例にあげた「ＰＰＭ（プロダクト・ポートフォリオ・マネジメント）」は、縦軸を市場成長性、横軸を自社の市場シェアとして、「金のなる木」「花形」「問題児」「負け犬」の４象限に分割している。この４象限に製品をプロットすることにより、製品戦略や開発投資の方向性を考える。

　既存の分析のフレームワークを参考に、情報収集や整理・分析のフレームワークを自分なりに工夫してみ

て欲しい。切り口は、要素、構造、抽象レベル、順序、位置づけだ。

② 成果がクオリティアップする

　次に、表現のフレームワークを見てみよう。企画書、報告書、戦略、事業計画などを作成する時、はじめにアウトプットイメージがあるとまとめやすい。それは、一つ一つ考えてからつくるのではなく、まずフレームワークがあってそれに沿って考えていくからまとめやすいのだ。「最初にアウトプットを考える」、これが表現のフレームワーク思考だ。

　ここでは、企画提案書と戦略シナリオの2つのフレームワーク例を紹介しよう（図2-5）。

　最初にフレームワークをつくることで、次のようなことが可能になる。

①全体像を把握する
②論理展開に必要なモレがないかを確認する
③シナリオとしての流れがしっかりしているか確認する
④それぞれの項目の検討にどれくらいの時間をかけるか、時間配分をする
⑤それぞれの項目に必要な情報や分析を考える

　ここからさらに、それぞれの項目のフレームワーク

2-5 表現のフレームワークの例

◆企画提案書のフレームワーク

[目次]

問題提起
1. 提案の目的と背景
2. 各種調査結果
3. ファインディングのまとめ

企画提示
4. 企画コンセプト
5. 企画内容定義
6. 企画概要
7. 御社にとってのベネフィット
8. 提案内容展開上の課題

プラン共有
9. アクション・プラン
10. 展開スケジュール
11. お見積り概要

◆戦略シナリオのフレームワーク

[目次]

分析パート
1. 環境分析　・マクロ環境分析
　　　　　　　・市場環境分析（顧客、競合）
　　　　　　　・自社環境分析
2. 現状の課題（SWOT分析、PPM分析……）

戦略パート
3. 戦略理念＆目標　　5. 基本戦略
4. 戦略オプション　　6. 個別戦略

計画パート
7. 各計画（ツリー・タスク・バジェット）
8. 事業収支シミュレーション
9. 展開スケジュール

表現のフレームワークを押さえておくと、スピーディにロジカルに企画書をつくることができる。

第2章◎「3つの思考法」で、やわらかく、ツヨイ地頭に　87

を考えると必要な情報や分析手法が浮かび上がってくる。

　企画提案書のフレームワークであれば、最初に企画の意味・目的・背景などを「問題提起」として提示し、調査内容などの事実（ファクト）を特徴ある鋭い切り口で整理するとよい。次に、企画コンセプト、企画内容（概要）などの「企画提示」の本論に移り、最後にアクションプラン、展開スケジュールやお見積り概算としての「プラン共有」でまとめるとわかりやすい企画提案書になる。

　フレームワークをつくる上で重要なのは、読み手の立場に立って考えるということだ。ここで、どのような表現方法を使えば読み手にとってわかりやすいものになるか。チャートか、グラフか、マトリックスか。それは、伝えたい事実を正確に伝える手段としてふさわしいか、イメージしながらつくることが大切だ。

　1つの戦略シナリオのアウトプットイメージには、さまざまなフレームワークが組み合わされている。分析のパートでは、マクロ・市場・自社環境分析、ＳＷＯＴ（強み・弱み・機会・脅威）分析、ＰＰＭ分析、コア・コンピタンス分析、ベンチマーキング、課題ツリーなど。戦略のパートでは、戦略理念＆目標、戦略オプション、基本戦略、個別戦略などだ。

　アウトプットの目的に応じて適切なフレームワーク

をもってこられるようになれば、フレームワークの使い手として一人前だ。フレームワークは、つくればつくるほど磨かれる。優れたフレームワークを社内で共有して、さらに優れたフレームワークをつくり、情報を埋める、グラフを描くといった方法論ではなく思考に割く時間を増やして欲しい。

　HRインスティテュートで提供するプロセス・コンサルティングを特徴化したワークアウト（企業の主体的体質改革）では、必ずプロジェクトのスタート時に、アウトプットイメージのディスカッションをする。プロジェクトの目的・スコープ（範囲と深さ）の期待値の調整を実施するのだ。

　何度か、アウトプットイメージをクライアントに全面的に委ねたこともあるが、その場合の多くは、途中でプロジェクトの目的・スコープが見えなくなってしまった。フレームワークとしてのアウトプットイメージをスタート時に提示することが、とても重要であることを再認識した。

　自分のスタッフに何かを指示する時も同じだ。「〇〇事業の課題を提示して！」と大まかに言うのではなく、ホワイトボードを使って「こんなアウトプットを〇〇という目的で何日の何時何分までに仕上げてね！」といったように、より具体的に指示すべきなのだ。「期待値の調整」は上司として当然の義務なのだ。

フレームワーク思考は実に多くのビジネスシーンで役に立つ。

③「ノーサプライズ！」になる

「ノーサプライズ」とは、「驚きなし」。どんな報告が上がってきても一切驚かない。

もちろん、そんなことはすでに考えているから、とっくに手を打っている……。あれがああなったら、これをこうして、それをそうさせる準備はしてある……。

これが、あこがれのノーサプライズ経営。

欧米の企業トップには、パラノイア的に心配性の人がいる。こういう人は、まさにスーパーフレームワーカー！

とことん、すべての可能性を考え抜いていないと気がすまない。

でも、すべてを考え抜くのは現実的ではない。市場は生きもの。今だって変化している。だから、すべてを先回りするのは無理。それでも、なんとかすべてを知ろうとする。そして先手で考え抜いて動いておかないと不安を感じる。

これがストレスになって負けるようではトップは務まらない。このストレスを楽しめないと！　そういうトップは、たいしたものだ。

リーダーはトップに近いほど、うーーーんと高い鳥の目で俯瞰してくれないと困る。
　まさか、現場の報告に「えーーー？　そんなことがー？」なんていつもいつもリアクションされたら、ひいてしまう。「考えていないのかよ。おい」「頼むよ。ほんと」。
　フレームワークで全体構造を押さえてあるから、漏れはないよ、大丈夫。どんな手だって、すべてお見通し。キチンと次なるシナリオは考えてあるよ。チェスや将棋で数十手先を読んでいるようにならないと、あちこちでサプライズ*！* だらけになってしまう。
　フレームワーク思考をもったトップなら安心。
　ノーサプライズな人は、資料や発表・報告のモレにすぐ気がつく。いつもフレームでものごとをとらえているからだ。だから、「なんかおかしい*！*」に直観的に気づく。
　どうも気持ち悪い。どうも何かモレてるか、ダブっている。どうも足して100じゃない。しっくりこない。ともかく、納得いかない。
　これはもう、瞬間。一瞬で「なんか気持ち悪い」となるまで習慣化しよう。足して100ではない情報にゆるゆるでＯＫを出していると、感覚は鈍くなる。
　いつも、すぐに気がつくように。この軸は何？　これで足して100？　モレはない？　ダブってない？

第2章◎「3つの思考法」で、やわらかく、ツヨイ地頭に　　91

視点は合ってる？ スコープはズレていない？ 前提は押さえてある？ 明快？ 意味不明じゃない？ 言葉の解釈はみんな同じ？ 曖昧な表現はない？ 数値化できている？ 指標化してある？ブレイクダウンし切れてる？ 表現が抽象的すぎない？

まとめると、モレやダブリがある時は、必ず次の3つのどれかに抵触している（図2-6）。

A．軸がズレている（右半分＋上半分？＝足して100にならない）

B．階層がズレている（1．米国、2．日本、ときて、3．北京？＝具体性が違う）

C．言葉の定義が曖昧でズレている（大規模、中規

2-6 フレームワーク3つのルール

「モレやダブリがある」と気持ち悪い！
気持ち悪くないためには？

3つのルールでチェック

ルール1　軸をズラすな！
ルール2　階層をズラすな！
ルール3　言葉の定義をズラすな！

模、小規模？＝定義は？　主観が入る）

　資料を見たり、話を聞いた時に、瞬時に「気持ち悪さ」に気がつくことがまず第一歩だ。

④ 2対・3対で、足して100にする

　フレームワークの簡単なトレーニングは、2対・3対の言葉をどんどん出すこと。

　特にビジネスでは、3・5・7で箇条書きにするのがライティングの基本。話し言葉としては、3・5・7のうち、相手が記憶に残せる範囲内の「3つ」を使って話すのが標準だ。

　メディアに出てくるリーダーの発言をチェックすると、だいたい「その理由は3つあります」と使っている。2つ、4つ、6つは、できれば、3・5・7に組み換えよう。

　なので、本書でも、私どもHRインスティテュートの研修プログラムでも「3つ・3つ・3つ」が基本だ。なんとか、3対で考えてみる。簡単な2対ではなく、3つで足して100にするフレームワークだ。

　これをたくさん使えるようになると、ロジカルシンキングが一気に進化する（図2-7）。

　2対は、「Aと非A」で成立する。だから簡単だ。男と非男、つまり非男＝女。

2-7 2対・3対

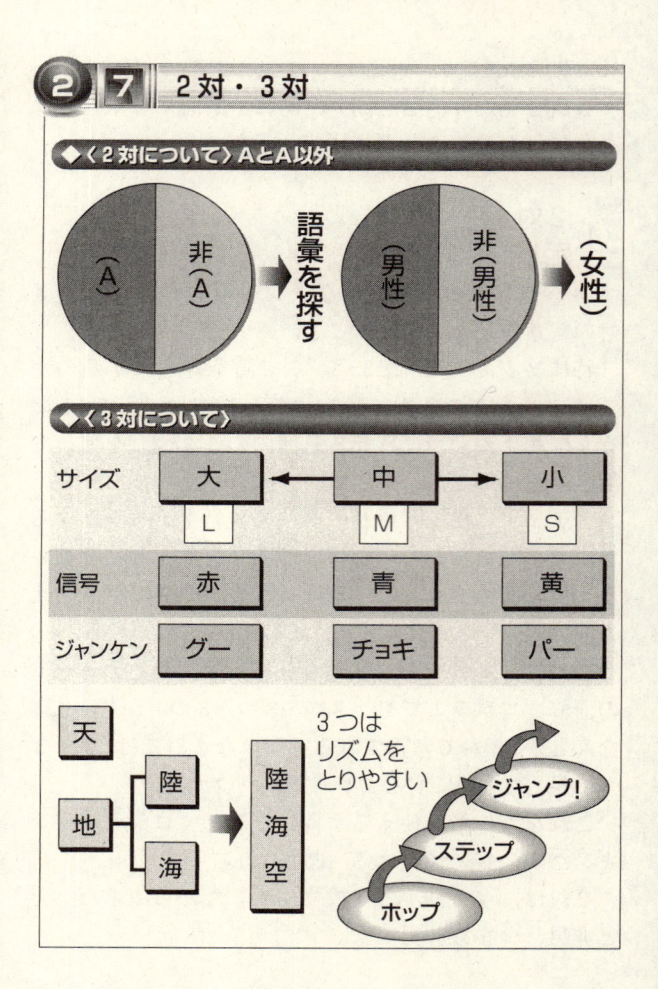

◆〈2対について〉AとA以外

A | 非(A) → 語彙を探す → (男性) | 非(男性) → (女性)

◆〈3対について〉

サイズ	大 ← 中 → 小
	L　M　S
信号	赤　青　黄
ジャンケン	グー　チョキ　パー

天
地 → 陸／海 ⇒ 陸海空

3つはリズムをとりやすい

ホップ → ステップ → ジャンプ！

的確な語彙を当てはめればいい。高低、白黒、プラス・マイナス、大小。

この時、優等生は対の言葉を探す。そうではなく、ある対象を1つ決めて、その対になる言葉を考えた方が早い。応用が利く。「明るい」を決めれば、「暗い」が出てくる。

では、3対は？　先ほどの2対の間に「中間」を用意すれば出てくるものもある。高速・中速・低速。白・グレイ・黒。プラス・ゼロ・マイナス。

中間の存在が見つからない場合、どちらか片方を分解してみる。「天地」という2対の言葉がある。「地」を2対にすれば、「陸と海」。こうして考えれば、「陸海空」だ。

このような2対・3対の概念をうまく活用して、情報を整理したり伝えているのが、ロジカルな人なのだ。マトリックスツールで有名なSWOT分析。これも、内外と＋−のクロスで構成されている。実にシンプル。だからこそ、わかりやすい（図2-8）。

社内のいい（＋）情報が強み＝ Strength
社内の悪い（−）情報が弱み＝ Weakness
社外のいい（＋）情報が機会＝ Opportunity
社外の悪い（−）情報が脅威＝ Threat

第3章で紹介する、ビジネスでよく利用される標準的なマトリックスツールが、それぞれどんな2軸で整

2-8 SWOT分析

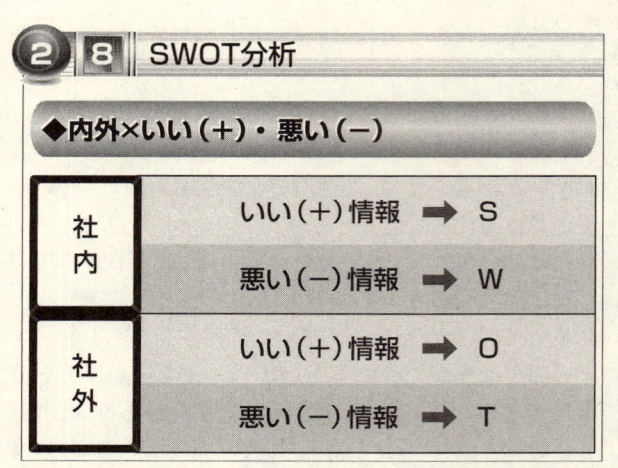

◆内外×いい(＋)・悪い(－)

社内	いい(＋)情報 ➡ S
	悪い(－)情報 ➡ W
社外	いい(＋)情報 ➡ O
	悪い(－)情報 ➡ T

理されているか、意識してみよう。すべて、とても意味のあるシンプルな2つの軸で整理されているのだ。

こうしたことに気がつくと、SWOTなんて暗記していなくても、自分で考えてつくり上げていくことができる。これが軸を探るということだ。情報を分解するベースの軸を見つければ、応用できる。どんどん、自分でオリジナルのマトリックスやフレームをつくって、自分たちの仕事を使いやすいオリジナルのツールで、分析していこう。

⑤ フレームでロジックを組み立てる

次に、ボトムアップとトップダウン。まるで、組織の意思決定のような話だ。

情報でロジックを組み立てる時の思考法にも、この2つがある（図2-9）。

日本人が得意なのは、ボトムアップ。一番細かい情報から括っていく考え方。和をもって貴しとなす。一方、ざっくり言って欧米の戦略思考のトップに多いのは、トップダウン型。どちらがいいとか悪いの問題ではなく、違いをわかって活用していこう。

改善レベルが求められる時は、ボトムアップ型がいい。前年比5〜7％アップの改善目標などであれば、ボトムアップ型でOK。しかし！　変革・改革・価値創造といったレベルが期待される課題や目標に対しては、トップダウン型だ。

この2つのアプローチは、スピードが違う。トップダウン型の思考は、一番はじめに仮説として課題や目標を決めてしまうので、それを検証することにフォーカス＆ディープできる。スピードは速い。

昨今の厳しい危機環境を打開するために、

仮説Ａ「××会社と××分野で提携する」

仮説Ｂ「ネットに特化した新ブランドを立ち上げる」

仮説Ｃ「組織を再編し、2つの事業部をグループ会社化する」

2-9 フレームでロジックを組み立てる2つのアプローチ

1）ボトムアップ型＝仮説を構築する＝下から整理する力
2）トップダウン型＝仮説を検証する＝上から考える力

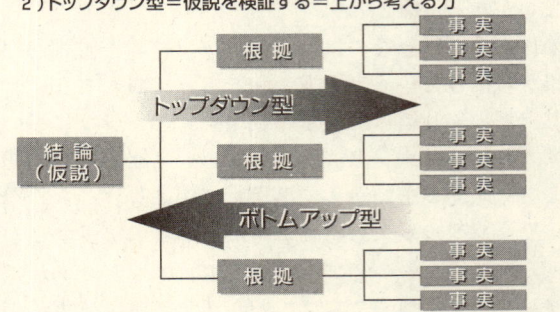

```
                    ┌─ 根拠 ─┬─ 事実
                    │       ├─ 事実
                    │       └─ 事実
                    │    トップダウン型　→
      結論          │
     （仮説）───────┼─ 根拠 ─┬─ 事実
                    │       ├─ 事実
                    │       └─ 事実
                    │    ←　ボトムアップ型
                    │
                    └─ 根拠 ─┬─ 事実
                            ├─ 事実
                            └─ 事実
```

2-10 ボトムアップ型／トップダウン型の使い分け方

各々の特徴を踏まえて、ケース・バイ・ケースで使い分けよう！

	ボトムアップ型	トップダウン型
使い方	積み上げで仮説を導く	まず仮説ありきで検証していく
情報の網羅性	網羅性が高い（モレが少ない）	網羅性は落ちる（多少のモレあり）
仮説を導き出し、検証するまでの時間	時間がかかる	時間がかからない
仮説の切れ味（戦略性）	鋭い切れ味に欠ける（低い）	鋭い切れ味がある（高い）

こうした複数の仮説のそれぞれのメリット・デメリット、納得のいく情報を収集し、整理分析して、評価し意思決定していく。これは、短時間で深い議論ができる。

　しかし、ボトムアップ型の場合、時間がかかる。いつまでも情報を集めきれた気にならない。いつまでも集め続ける。検証する仮説対象がなく、「市場について情報を集めてくれ」という状態だからだ。

　そして、悲しいことが起こる。時間をかけて集めれば集めるほど、そこから括られて出てくる課題や目標の言葉は……、なんと、誰でもわかっている最大公約数の仮説となるのだ。

「社長、やっぱり現在わが社は危機でした！」

　……これでは、時間のムダだ。

　つまり、仮説のないボトムアップ型だと、曖昧で抽象的「そのレベルのことなら今さら調べなくてもわかってるわい！」といったことを、丁寧になぞっている可能性が高い。

　自分の仕事の仕方、組織の仕事のプロセスが、どちらが多いのか。今は、改善レベルで済むのか。改革や価値創造レベルが求められているのか。判断して使い分けよう。

4 思考法3:「オプション思考」で選択肢を
=思考停止&拡散状態から次なる一歩をつくり出す

① 意思決定が深まる

オプション思考とは、「客観的な結論を出す」ための思考法だ。意思決定を迫られた時、「できるだけ客観的で、かつ信頼のおける判断材料が欲しい」と誰もが思うだろう。赤字続きのこの事業から撤退すべきか否か。創業以来、わが社の哲学としてきた終身雇用に終止符を打つべきか否か。合併の申し出を受け入れるべきか否か……。経営トップは、厳しい選択を迫られることが多い。

そんな時、トップが意見を求めるのは、経験豊かな役員たち、権威といわれる偉い人たちかもしれない。経験豊かな役員たちの意見はさまざま。積極派もいれば、消極派もいる。権威といわれる偉い人の意見は、もっともながら「だから、これで行こう」と結論を出すまでにはいたりにくい。さて、どうするか。

こんな時に活躍するのが**オプション思考**だ。オプション思考とは、仮説を複数案出して徹底的に議論する方法だ。意見を聞くのではなく、議論するのだ。1つの仮説を叩くのではなく、複数の仮説から1つを選択

するのだ。ポイントは、「選択肢」と「議論」だ。

「選択肢」は、結論として選択し得る本物の仮説を複数つくる。本物とは、当て馬をつくらないということだ。選択肢をつくることで、問題を複眼的に見ることができる。

「議論」は、どの仮説を採択するか真剣勝負になる。どの仮説を支持するか意見が分かれ、議論が白熱するようなら、選択肢の出来がいいということだ。逆に、特定の仮説に支持が集中するようなら選択肢の出来は今1つということになる。

議論にはロジックが求められる。なぜ、その仮説なのか根拠が求められるからだ。議論をとおして、問題がさまざまな角度から検討され、意思決定者はこのプロセスを経験することで、十分に考え抜いたという納得感が得られる。こうして意思決定者は、「よし、これで行こう」と決断できるのだ。

スピーディで客観的な意思決定が求められているのはトップだけではない。業務レベルの問題解決でも、即「選択肢」を考え、ロジカルに「議論」し、スピーディに結論を出すオプション思考を活用して欲しい。

オプション思考は、選択肢が出ているということだけでなく全体像が見える、わかるということにも必ず通じるものだ。

② 議論のプロセスがわかる

オプション思考で意思決定する方法を詳しく見てみよう。次の5つのステップがある。

STEP1：テーマを定義する

まず、今議論しようとしているテーマ自体を考え直してみる。テーマを間違うと不毛な議論になってしまうからだ。例として、「事業からの撤退か、継続か」というテーマを考えてみよう。

これは確かに重要な意思決定テーマだが、いきなり議論してもあまり成果がない。撤退を考えるくらいだから、すでに過去の実績や将来の予測は共有されているだろう。その上で撤退を考えているということは、収支の観点からは「撤退すべき」だが、撤退できないほかの理由があるに違いない。

そこで、「なぜ撤退できないか」を徹底的に考えてみる。「それはなぜ？」「理由は何か？」と繰り返し質問してみると、「不採算ではあるが、この事業には自社にとって重要なコア技術があり、この事業から撤退することによる技術の消失、技術者の流出が大きな痛手となる」というような理由が浮き彫りになるかもしれない。

「これが根っこだ」「解決すべきはこの問題だ」と思う

ものに突き当たるまで質問を繰り返すことがポイントだ。「これだ」というところまで議論したらテーマを確認し、オプション作成に入ろう。

STEP 2：選択肢（＝オプション）をつくる

テーマが定義されたら解決策の案を複数つくってみる。選択肢は、オプション・マトリックスを活用して考えるとモレなく考えられる。

オプション・マトリックスとは、縦軸を案の内容の構成要素、横軸を各選択肢としたものだ。縦軸の構成要素はフレームワーク思考を駆使して考えてみよう。構成要素は、仮にテーマが「コア技術を使った商品で１年以内に事業を採算ベースに乗せる方法」ということなら、誰に向けた（市場・ターゲット）、どんな商品を（商品）、どのように開発し（開発）、どんな方法（チャネル）、どんな条件（価格）で売ればいいか（営業）ということになる（図２－11）。

つまり、ターゲット、商品、開発、チャネル、価格、営業などが、オプションを考えるフレームワークということになる。

フレームワークが決まったら、いよいよオプションをつくる作業になるが、その前に、オプションの数は少なくとも３つになるよう考えよう。数が少ないと決まりきったものしか出てこなかったり、無理やりそこ

2-11 オプション・マトリックス

	オプションA	オプションB	オプションC
ターゲット	大手建材メーカー	中堅電子部品メーカー	大手〜中堅自動車部品メーカー
商品	低速反応光センサー	超高速反応光センサー	低〜高速反応光センサー
開発	自社製品のチューンナップ	中央研究所の先進技術のハイブリッド化	大手自動車部品メーカーとの共同開発
価格	他社製品よりも25%ダウン	他社製品よりも25%アップ	他社製品と同レベル
チャネル	代理店販売	代理店+直販	直販のみ
戦略タイトル	ローテクボリューム包み込み	ハイテク先回り一網打尽	フロントローディング先頭ランナー

1枚のマトリックスですべてのオプションが比較できる。

オプション・マトリックスは縦に見て議論する

各オプションにはロジックが必要だ。いいとこ取りするとロジックがとおらなくなる。だから、AかBかCかで議論する。

に落ち着かせたようなものになってしまうからだ。可能性を拡げることに意味があることを忘れずに。

オプションの作成は、マトリックスを埋める形で進める。まずは、各案のコンセプトを考える。「抗菌○○で建築資材業界を攻めまくる」とか「家庭用○○で子供のいる家庭を狙い打ち」とか、コンセプトを見れば、どんな案なのかがズバリわかる一言を工夫する。

コンセプトが決まったら、案ごとに各要素を縦に埋めていく。A案なら、ターゲットはこう、商品はこう、開発はこう、……という具合だ。
「このA案で営業はこうはならないでしょう」というのはボツ。案ごとにキチンとロジックがとおっていないといけない。また、「誰が見てもA案だよね」というのもダメ。これではオプションをつくる意味がない。「どの案も優劣つけがたい」というのがよいオプション。

各案のロジックがしっかりしていて、特徴がわかり、他の案との違いがはっきり見えるかどうかを確認して完成だ（図2-11）。

STEP 3：オプションで議論する

マトリックスが完成したら、これをベースに議論をする。「私はB案で行くべきだと思う。なぜならば、……」「私はC案だ。それは、もし、……ならば、……

だからだ」というように、その案を支持する理由、根拠をあげることがルールだ。

「やっぱり、このあたりかな」とか「気持ちとしてはこれかな」という発言に対しては、「なぜ、そう思うのか？」「それは、どういう意味か？」を質問する必要がある。

オプションの議論で重要なのは、感覚や雰囲気で議論しないこと。「それは、これこれのデータがなければ議論できないよ」と常にファクト（事実）を意識して、必要なデータや情報に基づく客観的な議論にすることだ。

こうして議論していくうちに各案のメリット・デメリットが明確になってくる。また、実現可能性や予想される困難が見えてくる。真剣味も増すが、行動レベルを思い描いて腰が引けることもある。

しかし、ここで踏ん張って、議論の大きな目的を確認し続けることが大切だ。本質的な議論になるかならないかは、ここをどう舵取りをするかで決まる。

STEP 4：評価して絞り込む

議論が尽くされたら、オプションを絞り込むための評価を行う。評価の基軸はテーマによってさまざまだが、ポイントは基軸の重要度を決めてウェイトづけを行うことだ。

例えば、先の「コア技術を使った商品で1年以内に事業を採算ベースに乗せる方法」であれば、次のような軸が考えられる。
　＊リスク
　＊リターン
　＊実現可能性
　＊達成のスピード
　＊必要資源の多寡
　＊他事業への影響
　＊当事者のモチベーションへの影響
　まず、各オプションを基軸ごとに3段階（高い・中位・低い）で評価し、次に、軸の重要度を5段階程度（非常に重要、まあ重要、普通、あまり重要でない、まったく重要でない）で評価する。それぞれ、5〜1のウェイトをつける方法が一般的だが、評価の厳密さにエネルギーを使うのはあまり意味がない。
　評価点は参考程度にして、議論参加者の選択に結論を求める方が実際的だ。やり方としては、挙手により、各オプションを◎、○、△、×で評価したあと、最終的に支持するオプションを挙手と議論により決めるのだ（図2−12）。

STEP 5：意思決定する

　議論に議論を重ねたあと、最終的に意思決定するの

2-12 オプション評価の例

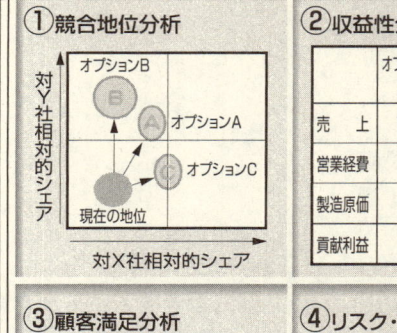

① 競合地位分析

縦軸：対Y社相対的シェア
横軸：対X社相対的シェア

- オプションB
- オプションA
- オプションC
- 現在の地位

② 収益性分析

	オプションA	オプションB	オプションC
売 上	100	100	100
営業経費	30	24	34
製造原価	60	60	60
貢献利益	10	16	6

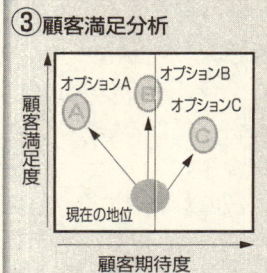

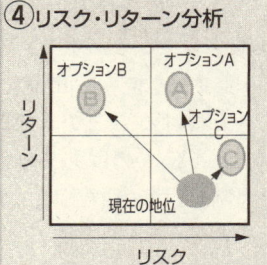

③ 顧客満足分析

縦軸：顧客満足度
横軸：顧客期待度

- オプションA
- オプションB
- オプションC
- 現在の地位

④ リスク・リターン分析

縦軸：リターン
横軸：リスク

- オプションB
- オプションA
- オプションC
- 現在の地位

オプションを客観的に分析して意思決定の参考にする。

はトップだ。テーマによっては、部長、課長、自分自身ということもあるが、いずれにしても意思決定者は一人だ。議論全体を聞き、時には自らも議論に参加しながら、意思決定へのステップを上がってきた意思決定者は、議論の結論を求められたら即決断しなければならない。

　意思決定者が「この案でいく」と言ったとたん、それは行動を意味する。思考は行動のためにある。優れた能力をもちながら成功しない人は、行動が遅れがちか、行動しないかのどちらかに原因がある。

　オプションでの議論は、決断、即行動のメカニズムをつくるためのものでもある。

③ 最低3つの選択肢、を習慣に

　オプション思考とは、ワンパターンではなく、常に複数（3～5つ）のいい線をいっている選択肢を考えつくことだ。選択肢は、当て馬ではダメ。キチンと議論が尽くせるレベルの選択肢を、瞬時に考えつくことが大切なのだ。

　よいオプションを出すためには、ゼロベース思考とフレームワーク思考が関連してくる。つまり、いつも「これしかないですよ」といったワンパターン人間では信頼されないということだ。

優秀な経営者は、常に複数の経営シナリオの選択肢をもっている。状況によって、シナリオを柔軟に練り直す。しかし、「何でもあり」はダメ。「何でもあり」は「何にもない」と同じだからだ。ワンパターンも危険だが、「何でもあり」も危険。先の読めない厳しい経営環境においては、自分なりの経営シナリオの選択肢を最低3つは準備しておくべきだ。ビジネスマン個人にも、同じことが言える。

　それぞれのオプションの、メリット・デメリットをしっかりと押さえ、一定の指標に基づいて、どのオプションを選択していくのかという、自分なりの判断基準をもっていないと、ビジネスは後手に回ってしまう。

　身の回りのどんな問題であれ、少なくとも3つの解決策を考え、そのメリット・デメリットからどれを選ぶのか、その理由は……、といった頭の訓練をしていると、意思決定のスピードは格段に上がる。実際、若手コンサルタントは、常にこのような思考トレーニングを自分に課しているのだ。思考法は、自ら習慣化を課さない限り、元の木阿弥となってしまうのだ。

ここまでゼロベース思考、フレームワーク思考、オプション思考の3つの思考法を見てきたが、最後にセルフチェックのためのリストをあげておこう。

〈3つの思考法チェックリスト〉
- □問題の問い方自体がワンパターンになっていないか
- □真に問題とすべき問題をとらえているか
- □過去の延長線上の発想で仮説が設定されていないか
- □仮説が本質を衝いたものになっているか
- □集まった情報から考えるのではなく、集めるべき情報を集めて考えているか
- □必要な情報がモレなく集められているか
- □間違った情報が紛れ込んでいないか
- □複数の選択肢を検討して結論を導き出したか
- □結論の根拠は明確か
- □納得性のある結論となっているか
- □行動に結びつく意思決定となっているか

　ただ思考するのと、3つの思考法を確認し、意識して活用し思考するのとでは、結果が異なるはずだ。かなり場慣れしていればいいが、「思考」そのものに慣れていない方は、3つの思考法を活用するという気持ちをもって、主体的に思考していただきたい。

まとめ

「3つの思考法」で、やわらかく、ツヨイ地頭に

★3つのポイント★

1) 3つの思考法で、いつもより「高く広く深く考える」楽しさを経験しよう。
2)「フレームワーク思考」は、すべてのツールや思考法のベースになっている基本中の基本。
3)「ゼロベース思考」で拡散させ、「フレームワーク思考」で全体を押さえ、「オプション思考」で収束させる。

第3章

「3つのツール」は、ビジネスパーソン必携の武器

1 「なるほど、納得！」を具現化する3つのツール

①「話す」「書く」とボロが出る

　ロジカルな人は、どこを切ってもロジカルだ。その思考も、それを表現するための言葉や文章もすべて、一貫してロジカルな場合が多い。

　ロジカルな人と非ロジカルな人では、たった1分間話しても、少しの文章を書くだけでも、その違いが出る。いくら「自分はロジカルな人間です」と言っても、非ロジカルな人は、すぐに化けの皮がはがれる。「書く」時も、冗長な文章では、読み手がスピーディに意思決定ができない。

　メールが、その典型だ。

　日本人は、小学校で作文の書き方を習う。その「起承転結」が頭にこびりついている。しかし！　これをビジネス・コミュニケーションでやられたら、最悪だ。

　この起承転結は、あくまで作文や小説・脚本など、最後まで読み手に、読み続けていただくための書き方。ビジネスには、当然、不向きだ。

　考えてみれば、わかる。「起承転結」。

「起承」までは、よしとしよう。なんとも、遠回しな

印象だが、読んではみる。

 そのあとだ。いきなり、「転」じてしまう！ そして、なんと転じたあとに、あっと驚くハッピーエンド。または、主人公が、事故にあって悲しい最後、となる。

 韓流ドラマにはいい。推理小説にもぴったりだ。しかし、ビジネスでは、やめて欲しい。

 そんな、「おー、次の展開は？？？」なんていう、ハラハラ・ドキドキ感は勘弁だ。ビジネスにシナリオのサプライズは不要だ。

 書く時も、やはりはじめのパートで、一番言いたいことを伝えよう。そして、その理由や各論に入ろう。そして、だからどうする、という今後の展開へつなぐ。

 このような流れであれば、読み手は落ち着いて、かつ時間をムダにしないで、判断のメールを、即、返信できる。

 ロジカルなあなたなら、このように、周りの人の時間の効率化に役立つのだ。

 では、非ロジカルなビジネスパーソンに、ロジックへの道は拓けないのか？ いや、あきらめることはない。ロジカルになるためには、そのための思考ツールを駆使して考えることだ。とにかく「考える時」「話す時」「書く時」、この思考ツールを使い続ければ、ロジ

カルシンキングは習慣となり、ロジカルでなければ気持ちが悪いと感じるようになってくる。

　3つの思考法を身につけ、ロジカルな人になるためにも3つのツールを繰り返し活用することをおすすめしたい。ツール活用が思考法に影響をもたらすのだ。

②「3つのツール」に慣れる

　ロジックツリー、マトリックス、プロセス。とにかくロジカルに「考える」ためには、まず、この3つのツールを徹底的に駆使することだ。HRインスティテュートの新米コンサルタントは、徹底的にこのツールを使うことを要求される。
「今言った課題をツリー化してみて」
「ポジショニング・マップ（マトリックスのメソッド）で業界を整理してみて」
「ビジネスシステム（プロセスのメソッド）でどこに強みがあるか分析してみて」
　どんな場合であれ、すぐにホワイトボードに線を引きはじめられなければダメだ。
　これら3つのツールは、それぞれいくつもの活用用途や分析目的によって、さまざまなメソッドに分類される。図3-1から3-7までに、3つのツールを構成する各メソッドをあげた。

3-1 ロジックツリーのメソッド(1)

ツール	主なメソッド	形態	内容
ロジックツリー(基本)	WHYツリー	問題 → 原因	自社の問題点の原因を整理し、分析する
ロジックツリー(基本)	HOWツリー	課題 → 解決策	自社の課題を解決するための方策を整理して、優先順位をつける
ロジックツリー(基本)	WHATツリー	要素大 ↔ 要素小	トップボックスの要素を分解し、何によって構成されているかを明確にする。例えば、組織図もその1つ
ロジックツリー(応用)	戦略ツリー	基本戦略 → 個別戦略 → アクション	自社の基本戦略を個別戦略、アクションまでブレイクダウンする
ロジックツリー(応用)	コンセプトツリー	キーコンセプト／サブコンセプト／サブコンセプト／サブコンセプト	主となるコンセプト(切り口、特徴)をさらに補完する(ブレイクダウンする)サブコンセプトに分解する

3-2 ロジックツリーのメソッド(2)

ツール	主なメソッド	形態	内容
ロジックツリー（応用）	ベネフィット&ソリューション・ツリー	基本ニーズ→ウォンツ→ソリューション	基本ニーズをブレイクダウンし、ウォンツの洗い出しから、それを解決するソリューション（商品やサービスなど）を導く
	アクションツリー	最重要課題→アクション	最重要課題を解決するための具体的施策（アクション）を洗い出す
	課題ツリー	最重要課題→重要課題→小課題	最重要課題を重要課題、小課題とブレイクダウンしていき、解決策を導く。特に解決策をソリューションにまで落とし込むものをソリューション・ツリーと呼ぶ
	テクノロジーツリー	キー技術→技術カテゴリー→各技術	既存の技術のレベルやその中でのコア技術は何かを探るための分析手法。技術カテゴリーからブレイクし、詳細な各技術を明確にする
	タスクツリー	基本戦略→個別戦略→タスク	基本戦略実現のために、何をすべきかのタスクを具体的にするもの。そこで出されたタスクを実行すれば戦略が具現化する

マトリックスも**プロセス**も、まずは**ロジックツリー**が駆使できなければはじまらない。マトリックスとプロセスは、軸が２つ以上になる。が、ロジックツリーは、とりあえずは１軸からはじまる（実際は複数の軸だが）。ロジックツリーは原点であり、基本であり、応用でもあるのだ。

ロジカルシンキング＝ロジックツリーと言われるのも、このメソッドの多さ、基本レベルであるということが理由の１つである。

ロジックツリーは、木の幹から枝が分かれていくような形状で、ある要素をさらに各要素に分解していくことから、その名がついている。基本的には、トップボックス（＝一番上、または、一番左の箱）をブレイクダウンするものであり、どの切り口でブレイクダウンするかによって、最終的に導き出される内容が異なり、そして用途や名称が異なっている。

例えば、WHYツリーでは問題から原因を、HOWツリーでは課題から解決策を導くことができる。WHATツリーは、構成要素の分解によく使われる。

マトリックスは、図３−３、３−４、３−５にあるように、２軸でたくさんの情報を整理・分析するものだ。構造としては、大きく２つのタイプがある。１つ目のタイプは２軸をクロスさせ、４象限をつくり、そこにいろいろな要素をプロットし、グループ化したり、セ

3-3 マトリックス・メソッド(1)

ツール	主なメソッド	形態	内容
マトリックス	ポジショニングマップ分析	(2軸図)	市場における自社商品(サービス)と他社商品(サービス)を2軸で整理、業界内の自社の位置づけを明確にする
マトリックス	顧客ポートフォリオ分析	縦軸:購買高 / 横軸:顧客シェア	縦軸に「購買高」、横軸に「顧客シェア」を置き、自社商品の現状を位置づけし、将来どの方向性へ進むのかをプロットする
マトリックス	テクノロジー・ポートフォリオ分析	縦軸:貢献高 / 横軸:技術の優位性	縦軸に貢献度、横軸に技術の優位性を置き、各技術がどの位置にいるのかを明確にするためのもの。現在の位置と、数年後の位置をプロットする
マトリックス	PPM分析(プロダクト・ポートフォリオ・マネジメント)	縦軸:市場の成長度 / 横軸:相対的シェア	自社の事業や商品を「市場の成長度」と「自社のシェア」を軸に整理する。事業ごと、商品ごとの次の展開を考えたいときに活用できる
マトリックス	お客さまセグメンテーション	(2軸図)	設定した軸により、事業および商品のお客さまを分類する。自社の事業や商品のターゲット層はどこなのかを明確にする

3-4 マトリックス・メソッド（2）

ツール	主なメソッド	形態	内容
マトリックス	既存新規事業（商品）分析	市場（新規/既存）× 事業（商品）（既存/新規）の4象限図	縦軸に市場、横軸に事業（商品）を置き、さらに両軸を既存市場、新規市場、既存事業、新規事業に分割。4象限の中にそれぞれ現在の事業をプロットし、さらに方向性を整理する
	ロードマップ	ターゲット／機能／商品コンセプト／商品タイトル／テーマ優先度／開発・営業／関係部署ランク 等の表	自社商品と競合商品の現状および今後の展開を整理し、市場の全体像と取り組むべき課題の優先順位を把握する
	ビジネス要素マトリックス	事業構造／組織構造／企業イメージ構造／情報システム構造 × 理念・目標・戦略・計画	経営資源の要素の棚卸しをする企業診断で、そのチェックリストとなるもの。企業の体力、体質をチェックし、企業課題を明確にすることができる
	コア・コンピタンス分析	要素／自社／競合A社／競合B社 100　80　70 70　60　100 80　100　100 90　100　60	自社と他社の能力を比較して、自社のどこに差別的優位性の強みがあるのかを知る
	SWOT分析	機会(O)／脅威(T) × 強み(S)／弱み(W)	自社の強み（S）、弱み（W）、機会（O）、脅威（T）を明確にして、それぞれをクロスさせ、市場で戦う武器を決める

3-5 マトリックス・メソッド(3)

ツール	主なメソッド	形態	内容
マトリックス	戦略オプション・マトリックス	戦略要素 × 戦略A/戦略B/戦略C	基本戦略を絞り込むためのオプションを一覧にしたもの。各オプションごとに戦略要素を記載し、それをベースに社内で議論する
	商品マトリックス	商品要素 × 商品A/商品B/商品C	商品ごとの特徴がわかるように、商品要素を縦軸にし、内容を記載していく
	仮説マトリックス	仮説要素 × 仮説A/仮説B/仮説C	仮説を絞り込むために、いくつかの仮説の要素を洗い出して整理する。縦軸には仮説の要素項目が並ぶ
	バランスドスコアカード (BSC)	短期/中・長期、財務/CS、BPR/HR・KM	経営の成績表として、主な指標を数値管理する。左側は短期的に効果が期待できるが、右側は中・長期の期間がかかる。これらをバランスよく経営する必要がある。※CS=顧客満足(カスタマー・サティスファクション) BPR=業務の生産性、効率化(ビジネス・プロセス・リエンジニアリング) HR=人材育成、開発(ヒューマンソース) KM=業務システムの高度化(ナレッジマネジメント)

グメント化したり、ポジショニングするものだ。2つ目のタイプは横軸に比較する対象、縦軸に比較する要素（項目）を羅列し、内容をリストアップしていく比較表、選択肢（オプション）一覧のような構造である。

このマトリックスは、コンサルタントの匠の技のシンボルである。クライアントが語る問題点・課題点を聞き、なんとなく軸が見えてきて、次第にボヤッとしていた軸がはっきりしてくる。そして、各要素がどんどんプロットされていくのだ。

マトリックスとは、ラテン語で「子宮」を意味する。何かがインキュベート（孵化）する器なのだ。マトリックスとは、価値創造の卵なのだ。

3つ目のツールの**プロセス**は業務の流れや思考の流れを区分し、各プロセスの中から問題や課題を分析しようとするツールで、形態としては、マトリックスとも言えるが、プロセスで区切るところがキーである。

このプロセスは、時間軸がカギだ。役割の流れ、責任の流れ、モノ・カネの流れ、情報の流れ、ビジネスの進化、価値の進化がプロセスには表現されるのだ。

優れたコンサルタントやビジネスパーソンは、これら3つのツールを自由自在に使いこなす。基本は**ロジックツリー**。この応用が**マトリックス**と**プロセス**と考えてもよい。

時間軸や価値連鎖軸など、より複数の軸が欲しくな

るとマトリックスとプロセスを使いはじめる。整理は**ロジックツリー**、戦略化・コンセプト化の発想には、**マトリックス**を多く使うようになる。**プロセス**は、各種戦略分析に活用されることが多い。

3-6 プロセス・メソッド（1）

ツール	主なメソッド	形態	内容
プロセス	ビジネス・システム分析	（研究開発／部品・材料調達／製造／流通／販売／営業／サービス）	自社の商品やサービスが市場に出るまでの流れの中で、自社と競合他社の強み・弱みを整理して、自社の特徴や課題を考える
	バリューチェーン分析（M・E・ポーター氏）	支援活動／主活動（全般管理／人材資源管理／技術開発／購買調達／購買物流・製造・出荷物流・販売・サービス）	企業の商品やサービスが市場に出るまでの流れの中で、顧客が得られる価値の視点から、どこに競合他社との差別性があるかを考える
	事業ロードマップ	縦軸：ビジネスカテゴリー／横軸：ビジネスカテゴリー	縦軸と横軸それぞれに自社のビジネスカテゴリーを時系列に配し、それぞれの事業がどう将来的に展開されていくのかをプロットしたもの
	ロジカルセリングプロセス	コミットメント・イシュー・アサンプション・オファー／信頼性構築・課題体系化・仮説検証・受注	論理的に相手に納得していただくための営業プロセス。仮説検証型営業のこと。HRインスティテュートでは「CIAO」という営業プロセスを体系化している
	プロダクトライフサイクル分析	売上／導入期・成長期・成熟期・衰退期	商品の寿命を4段階に分け、売上とのクロスで自社商品が今どのポイントにいるのかによって市場での攻め方、今後の展開方法を考える

第3章◎「3つのツール」は、ビジネスパーソン必携の武器　125

3-7 プロセス・メソッド(2)

ツール	主なメソッド	形 態	内 容
プロセス	AIDMA	Attention / Interest / Desire / Memory / Action 認知 / 興味 / 欲求 / 記憶 / 購買	消費者が購入するまでの、心理的プロセスを明確に、そのポイントでどうアプローチするかの行動を考えるベースとなるもの
プロセス	AISAS	A I S A S 認知 興味 検索 購買 共有 Search Share	AIDMAが通常の店舗で購入するプロセスであるのに対して、AISASはインターネットでのオンラインショッピングのプロセス、2つの「S」が特徴となる
プロセス	AMTUL	拡/興味 A M T U L 認知 記憶 試用 常用 愛用 狭 → 時間	消費者が、ある商品の愛用者へと育っていくプロセス。最終型では商品のみならず、その企業にまで愛着をもち、株主になっていただくケースも出てきている

2 ツール1:「ロジックツリー」
=軸をそろえて、「モレなく、ダブリなく」全体を把握

① ロジカルシンキングの代表格

　それでは、ロジカルシンキングのシンボルとも言える**ロジックツリー**からはじめよう。

　ロジックツリーが、いかにロジカルシンキングのための主要なツールであるかということはすでに述べた。ロジカルシンキング=論理的思考の本の多くは、このロジックツリーがメインになっている。それだけ重要であり、それだけ強力なツールであると言えるのだ。

　ロジックツリーを使いこなせれば、「ロジカルな人」への道は大きく拓けたも同然！　と言えるくらいだ。ロジックツリーがその威力を発揮するのは、たくさんの要素を

「モレなく、ダブリなく」：整理～構造化～階層化

することにある。図3-8の「サルの類のツリー」にあるように、各階層はそれぞれ、「モレなく、ダブリなく」であり、下位層は上位層に対して因果関係がなくてはならない。

ロジックツリーは大きく分ければ、
①ものごとを要素に分解する（WHATツリー）
②問題の原因を考える（WHYツリー）
③課題の解決策を考える（HOWツリー）
の３つの用途に活用することができる。

ロジックツリーは、フレームワークの塊（かたまり）だ。2対・3対で、足して100になるフレームワークが、ずっと階層を追って連なっていると思えばいい。

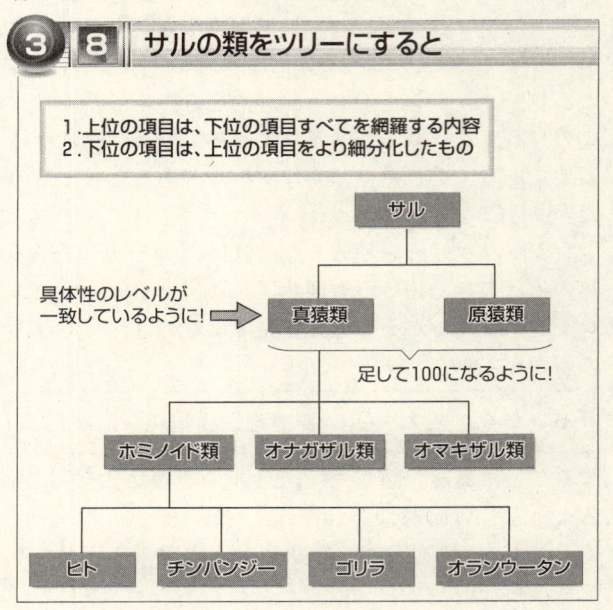

3-8 サルの類をツリーにすると

1. 上位の項目は、下位の項目すべてを網羅する内容
2. 下位の項目は、上位の項目をより細分化したもの

```
                    サル
                   ／  ＼
      具体性のレベルが  真猿類    原猿類
      一致しているように！
                    ↓
              足して100になるように！

    ホミノイド類   オナガザル類   オマキザル類

   ヒト  チンパンジー  ゴリラ  オランウータン
```

フレームワークのところで、「モレなく、ダブリなく」を基本とした。しかし、図3-9に示すように、「モレなく」にこだわるのは、有形のものが対象の場合だ。パソコンや車などをハードウェアとしてとらえ、3つのパートに分解して、足して100のフレームをつくることはできる。

しかし、無形の場合は、どうだろうか？ ソフトやサービスが対象の場合だ。

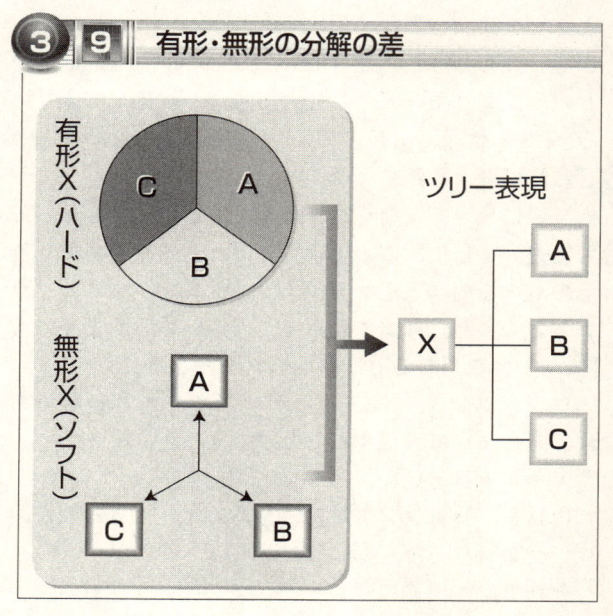

3-9 有形・無形の分解の差

有形X（ハード）

無形X（ソフト）

ツリー表現

例えば、「『愛』を3つで割ってください」と言われても、パソコンのようにはいかない。もともと、形の外枠がないのだから、「モレなく」と言われても、無理なのだ。この場合には、3つが独立した違う方向性を指していれば、「ダブリなし」ということでOKだ。

武道における「心技体」は、それぞれ独立した変数を指している。カタヨリはない。バランスがとれている。「モレ」にとらわれず、「カタヨリなく、バランスよく」を意識しよう。

ＭＣＥ（Mutually Exclusive Collectively Exhaustive）という、マッキンゼーの社内造語が一般化してきている。「その情報、ＭＥＣＥ（ミーシー）じゃないな」と言われても、あわてないこと。

ＭＥＣＥ＝モレなくダブリなく、と考えてもらって大丈夫。そして、この場合も先ほど述べた理由で、無形のものを対象にした場合は、「カタヨリなく、バランスよく」と、考えてもらった方がいい。あまりにも「モレ」にこだわると、時間のムダとなる。

ロジックツリーは、対象が有形であれ、無形であれ、同じように表現することができる。

X = A + B + C

これを、一番シンプルに「見える化」できるのが、ロジックツリーだ。

それでは、用途に合わせて、ロジックツリーの使い

方を見ていこう。

② WHAT ツリー

　ものごとは、「分ける」とわかるものだ。わかるために、「分ける」とも言える。混沌・混乱している状態を整理する時、自然と何かと何かを分ける、という作業をしているはずだ。まったくランダムな情報を整理していく時、何かの括りでグループ化するだろう。

　人材採用の面接で、いきなり「自己アピールを、お願いします」と言われたら、何から話し出すか。「えっと、自己アピールと言われても、あの……」と、しどろもどろ。自分のことを、思いつくままランダムに伝え出す。
　これでは、ロジックツリーの3階層目以下を、いきなり伝えていることになる。または、誰でも言いそうな、そつのない自己アピール。これも、もったいない。自分に関して、いろいろ言っているうちに、
「これまでの経歴について」「能力について」「性格について」
などに、括って分解していけることに気がつく。
「では、私の自己アピールを①経歴、②能力、③性格の3つの切り口でお話しさせていただきます」と答え

ると導入は、合格だ。

 さらに前進させるなら、3つの切り口の前に自分の基本コンセプト=「一言で言うと」=トップボックス、を決めてしまうとよいだろう。そして、その根拠（証拠や事実）を、大きくこの3つのフレームで、ツリー化して紹介するとわかりやすい。
「日本でトップクラスの、光技術コンサルタントです」。そして、①実績（経歴）、②技術力（能力）、③資質（性格）の3つのフレームで、自分について伝える。
 この3つは、それぞれ違う方向性を向き、重ならない。カタヨリなく、バランスがよい。細かい具体的な事実を、いきなり並べるのではなく、大きく分けて伝えた方が、相手はわかりやすい。

 WHATツリーは、フレームワークそのものだ。上位階層の対象（トップボックス）を、分割していく。つまり、下位階層の集合体が、上位階層になる（図3-10）。
「うちの営業の現状を、一から教えてくれ」
 親会社から出向してきた、新任役員に頼まれたとしよう。
 本来、数年の時間軸などで見るべきだが、今回は現状を対象とする。営業収益は、何から構成されているのか。全体像をツリーで説明すれば、わかりやすい。分解する時の軸は、

「部門(組織)軸」「商品カテゴリー軸」「エリア軸」「チャネル軸」
など、さまざまだ。

どの軸を第2階層にもってきても大丈夫だが、この会社の営業活動の特徴に、一番適した分解の軸がいい。

どの軸を上位の階層にもってくるか? この軸の取り方が、実は、この会社の営業戦略を表していることになる。

何かを評価する時、WHATツリーがあると、あとで後悔しない。すべての全体像を、WHATツリーで押さえられる。「こんなはずじゃなかった!」にならないた

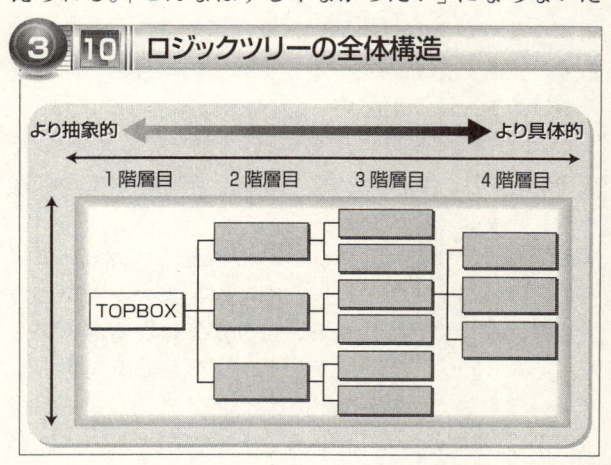

3-10 ロジックツリーの全体構造

より抽象的 → より具体的

1階層目　2階層目　3階層目　4階層目

TOPBOX

めの WHAT ツリー。

　友人とのひさびさのディナー。レストランを探して、決める際に、どんな項目を網羅するか。メニュー、立地、インテリア、価格……など。

　このように、何かを評価するために調べたり、インタビューしたりする時に、WHAT ツリーが役に立つ。前述の「ノーサプライズ」経営とは、自社の経営要素の WHAT ツリーが、トップの頭の中に描ききれている、ということなのだ。

　WHAT ツリーの演習を行うと、実際には、「こんなにすべての項目を考えて、何かを選んだりしない」と思う人が多い。そう、人にはそれぞれ、自分の好みや気になる点がある。結局は、優先順位やこだわりをもって、選択・意思決定する。すべての項目を、同じ重みづけでチェックしているわけではない。

　乗用車を選ぶ時、比較項目をすべて網羅した WHAT ツリーをつくって、各項目を吟味してから買う人。確かに、多くはないだろう。

　おそらく、普通は「ブランド」「価格」「性能」「デザイン」「燃費」「アフターサービス」「営業マン」などの主要な、評価項目の中から、自分が気になるポイントを中心に、3つぐらいだけをチェックして購入する。そういうものだ。しかし！

　だから、「後の祭り」ということが、起こる可能性が

あるのだ。

　要は、こだわりの要素だけに重きを置いて選んでも、それはその人の自由。しかし、全体像を押さえた上での優先順位なら、より安心だ。
「こんな要素もこわいな。こんなポイントも大切か。こんなことは"まさか"ないだろう」ということも洗いざらいわかった上で、覚悟を決めて選ぶのなら、後悔はないはず。

　このように、WHATツリーは、何かを選択する際に使うと役に立つ。決して、あとで後悔しないように。自分の意思決定・判断に、自信と責任をもつために。

③ WHATツリーの応用ケース

　WHATツリーは、対象を分解して、構成要素をすべて出し切る。

　この特徴を使えば、WHATツリーは「なぜ?」「どうして?」の答え探しに使うこともできる。何か問題が起こった時に、重要な原因(理由)を見落とさないために使える。あとで、「あー、こんな原因もあったのか」にならないため、すべての原因リストをつくるなら、WHATツリーを応用しよう。

　また、見つけた取り組み課題に対して、どんな解決(または達成)する方法があるのか、を考える時にも使

える。あとで、「あー、そういうやり方もあったのか」にならないために、すべての打ち手リストをつくるのも、WHATツリーの応用でいける。
　具体的に見ていこう。

「売上が上がっていない」。なぜだろう？
　では、売上を構成する要素を分解して、なぜなのか、探ろう。
　これは、どこがいけないのかを「モレやダブリの見落とし」なく徹底的に探るためなので、WHATツリーの応用ケースだ。用途・目的としては、原因探究のWHYツリーのように見えるが、実はWHATツリーの分解を使っている。つまり、考えられるだけの原因を一度ありったけ、出しているだけなのだ。
　その一方、あとで紹介するWHYツリーは、単に分解してリストアップするのではなく、本当に今困っていることの真因を探ろうとする時に活用する。つまり、WHYツリーには、少しモレがあってもいい。今の自社の売上低迷に、まったく関係のない原因は、落としてもかまわないからだ。
　みなさんが、現場で「品質低下の真因を探る」議論をしている時、一般論としてのモレのない原因出しに時間を使うのは、もったいない。「それ、うちの現場では関係ないじゃん」という原因まで、一生懸命だし

切ることに必死になっても、議論の目的からいうと遠回りだ。
　つまり、
　　＊原因リストをつくる→WHATツリー
　　＊真因仮説を探る→WHYツリー
と、使い分けていこう（図3-11）。

　もう1つ、WHATツリーの応用として、解決策を考える時にも使える。
「売上が上がっていない！」から「売上を上げよう」。どうやって？
　では、売上を構成する要素を分解して、どうしたら売上が上がるのか。これも、解決の可能性を、ありったけ探りたいのであれば、WHATツリーの応用が使える。
　こちらについても、あとで紹介するHOWツリーとの違いは、
　　＊打つ手(解決策)のリストをつくる→WHATツリー
　　＊解決への具体的アクションを生む→HOWツリー
となる。
　売上の切り口は、多数ある。

　　既存事業／新規事業、A商品群／B商品群／C商品群、チャネルX／チャネルY／チャネルZ、Pエリア／Qエリア／Rエリア、基盤商品／戦略商品／育成

第3章◎「3つのツール」は、ビジネスパーソン必携の武器　　137

3-11 ロジックツリーの活用ノウハウ

基本活用

- WHATツリー：ものごとを要素に分解する
- WHYツリー：問題の原因を考える
- HOWツリー：課題の解決策を考える

→ WHATツリーの応用ケースとしてのWHY&HOWは、あくまでも、「モレなく、ダブリなく」リストをつくることが目的

応用ツリーとの違い

WHATツリーの応用ケースの目的	WHYツリー&HOWツリーの目的
WHY? 問題の原因リストをつくる	WHYツリー： 真因の仮説を探る
HOW? 課題の解決策リストをつくる	HOWツリー： 解決のアクションを生み出す

商品……。

　これらの中で、売上を上げることを目的とした際には、どの切り口で分析すれば、新たな戦略や解決策が出るかは、重要なポイントだ。逆に言えば、考えられる切り口で、全部分析して、売上低迷の理由を推すケースの方が多いだろう。

　解決策も、先のWHYツリーと同じく、現場で実際に動きをつくり出すために使うのは、HOWツリーだ。WHATツリーは、あくまで全体像を押さえるだけで、動きはつくり出さない。

　あなたの会社の戦略会議で「どうしたら、この基本戦略が実行できるか」について議論する時、WHATツリーを使うとどうなるか。たぶん、優等生的な、無味乾燥なツリーになる。たいがいの大企業は、この手の戦略の表現になってしまう（図3-12）。
「『市場動向を把握できていない』『競合動向を把握していない』『創造的社風になっていない』からうちはダメなんだ！　ここから変えないと……」

　やるべきことの羅列。総論・一般論なので、特に文句のつけようがない。みんなに、挙手してもらうと「賛成」。……でも、これはすべてのやるべきことのリストなのだ。実際には、やれるはずがない。抽象的で心地よい表現なので、反対はしないが、「結局、何をやるの？」が、現場ではわからない。これでは、机上

3 | 12 ヒット商品をつくり出す（優等生的）WHATツリー

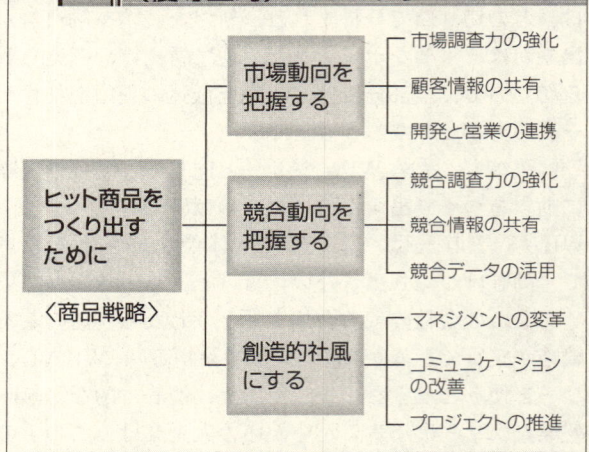

```
ヒット商品を            ─ 市場調査力の強化
つくり出す    市場動向を  ─ 顧客情報の共有
ために       把握する   ─ 開発と営業の連携
〈商品戦略〉
             競合動向を  ─ 競合調査力の強化
             把握する   ─ 競合情報の共有
                      ─ 競合データの活用

             創造的社風  ─ マネジメントの変革
             にする    ─ コミュニケーションの改善
                      ─ プロジェクトの推進
```

3Cのフレームで整理しているが、本当に、このツリーを実行すれば、「ヒット商品をつくり出せる」のだろうか？ どこの会社にも使えそうな汎用的なツリーだ。
このまま、階層を落としても、この会社の現状を反映したアクションにはつながりそうもない。
本当に使えるHOWツリーでは、言葉の定義を明確にしていかなくてはならない。「強化」「共有」「向上」「改善」「変革」「推進」は心地よいが、「どのようにして？」が重要。

の空論だ。

確かに、社風を変えることは、ヒット商品を生むためには重要だ。が、それは商品戦略の議論ではない。

これまで説明したWHATツリーの応用ケースと、このあとで紹介するWHY&HOWツリーの違いは、2つある（図3-13）。

まず1つ目は、評価の視点だ。

WHATツリーは、後悔なきよう全体像を押さえることが目的なので、「モレなく、ダブリなく」が評価ポイントとなる。その際に、いろいろな軸の切り方はあるが、対象を分解するのだから、客観的に見ることができる。

しかし、WHY&HOWツリーは、モレ・ダブリという客観性よりも、実際にそのツリーを現場で動かす時に納得がいくか、がポイントになる。そこには、議論しているメンバーの意志が入る。その人たちの問題意識や優先順位が入る。

だからこそ、違う問題意識や視点をもった、他のメンバーから意見が出てくる。互いの違いが見えてくる。これこそが、生きている会議だ。ぜひ、恐れず自分たちの意志をもって、WHY&HOWツリーを描いてもらいたい。そして、活発な議論を促進してもらいたい。

意志を伴ったロジックツリーが、会議を変えるの

3-13 WHY&HOWツリー作成時のポイント

WHATツリーの応用ケースのように総論賛成・各論反対に至る可能性の高い、リスト的なWHY&HOWではなく、本当に現場で活かせるWHY&HOWツリーにするために気をつけること

	WHATツリーの応用ケース	WHYツリー&HOWツリー
①評価のポイント	「モレなく、ダブリなく」で評価する（汎用的）全部網羅されているかを客観的に評価する	その組織の現状をもとに納得性を評価する（個別的）現状のとらえ方に主観が入るので議論を生みやすい
②分解のポイント	トップボックスにある単語を分解してフレームを構成するケースが多い	トップボックスにある状況を引き起こす主要なテーマ（対象分野）で分解してフレームを構成するケースが多い

⬇ 実際にすべて実行するのは困難

⬇ 実際に実行できなければ机上の空論

だ。

　もう1つ、違う点がある。WHATツリーの応用ケースと違って、WHY & HOWツリーの対象は、それがより具体的に動きにつながる要素であることが求められる。

「社員のやる気がない」という問題点は、「社員」を分解するよりも、「社員のやる気」や「やる気がないという状態」を分解しないと、本質的な真因にはいたらない。

「トップのやる気がないから」「ミドルのやる気がないから」「一般社員のやる気がないから」。これは、WHATツリー的だ。本当に、この原因分析で動きにつながるか？　分解することに意識がいきすぎてしまうと、自分たちの現実の状態を忘れ、「これで、足して100！」といった自己満足のツリーをつくってしまう。

　つまり、WHY & HOWツリーの場合は、モレやダブリというよりも、「カタヨリなく、バランスよく」を意識するように、フレーム化することを心がけよう。

　＊会社の方向性が、見えないから
　＊仕事の中身が、魅力的ではないから
　＊適正な評価が、されていないから

　これは、モレはあるが、「カタヨリなく、バランスのよい」3つの独立した変数と言える。こうした変数

第3章◎「3つのツール」は、ビジネスパーソン必携の武器　　143

の組み合わせには、納得のいく、他のパターンもまだある。

　＊コミュニケーションが、よくないから
　＊企業・商品が、世の中に知られていないから
　＊事業の収益が、悪化しているから

　このような、仮説のツリーをつくればいい。議論のための「叩き台」を出し、WHY & HOW ツリーを描いてみよう。その叩き台をベースに、「自分は違う」といった意見が出るからこそ、よりよいツリーになっていく。具体的な表現で、自分たちの思いの入ったツリーは、議論に深みを生む。激論になってもかまわない。

　WHY & HOW ツリーは、描いて終わりではない。「整理されました」ではダメ。WHY & HOW ツリーは、現場を動かし進化させていくためのツールなのだ。

④ WHY ツリー

　WHY ツリーは、問題の真因を探る時に有効だ。真因の仮説は、1つではない。複数の真因が見えた方が見誤らない。真因仮説A、B、C、D、E。WHY ツリーの第5階層のあたりには、「表層的な問題点（トップボックス）が、なぜ起こるのか」というさまざまな原因がリストアップされる。その中から、オプション

思考で真因を検討することができるのだ。
「なぜなぜ5回」で、真因をつかむ。

1回の「なぜ？」では、まだまだ浅い。出てきた答えに対して、また「なぜ？」と訊き、その答えに対して、「それは、なぜ？　どうして？」と訊いていく。

原因の、そのまた原因を、確認していく。5回は、繰り返そう。

さて、WHYツリーで、問題点（トップボックス）＝「営業目標が達成されていない」を考えてみよう。それはなぜ？　と第2階層を考える時、WHATツリーの応用ケースなら、チャネルで分解して、「代理店営業が弱いから」「直販部隊が弱いから」「ネット営業が弱いから」もありえる。

これらを、また一つ一つWHATで分解していくと、原因リストに落とし込まれるわけだ。

つまり、WHYツリーで、WHATツリーのような分解のテクニックに走ると、このような単純なWHYツリーをつくってしまう可能性がある。

しかし、先に書いた「営業目標が達成されていない」理由が、本当に、あなたの会社の3つのチャネルのそれぞれが弱いからなのか？　本当は、チャネルにおいては代理店営業が弱いだけで、直販とネットは、そこそこがんばっている、という状況なのに、「足して100」に気をとられてしまってはいないか。

WHY ツリーでは、まず「営業目標が達成されていない」原因として、大きな対象要素を決める。例えば、「チャネル（が悪い）」「商品（が悪い）」「活動プロセス（が悪い）」。この３つの対象要素において、それぞれの最も気になる問題点をあげて、そこを深掘りしていく、というツリーの方が、関係者が聞いた時に、納得感がある。

「チャネルにおける代理店営業が弱いから」以外に、「市場に求められる魅力的な新商品がないから」「営業活動をラクにする支援の仕組みができていないから」。

　営業目標が達成されていない本当の理由を、カタヨリなくバランスのよいフレームで、現実的に考える必要がある（図3-14）。

　WHAT ツリーでさんざん、「モレなく、ダブリなく」とやって、フレームワーク思考を身につける。まずは、全体像を見る視野をもつ。これは、重要。しかし、ついつい、そのあとの WHY & HOW ツリーの演習でも、単純に言葉の分解ばかりしないように。

　トップボックスのテーマの中にある言葉（単語）を分解して、フレームで第２階層の対象要素を見つけるのは、否定はしない。しかし、それが本当に現場で活かせるのか、実現できるのか、を見極めることが重要だ。

　例えば、「達成する」をプロセスごとに３つに分け

3-14 WHYツリーのケース
～真因をどう見つけるか？が大切

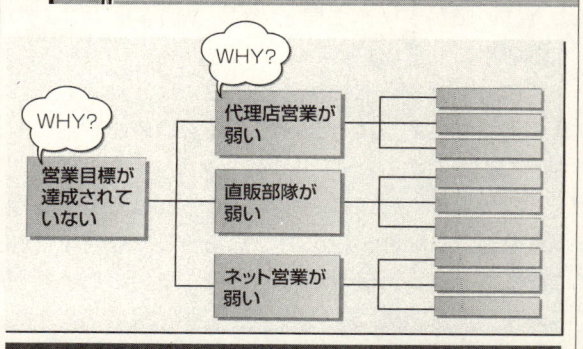

```
WHY?
営業目標が達成されていない
　├─ 代理店営業が弱い　── WHY?
　├─ 直販部隊が弱い
　└─ ネット営業が弱い
```

（チャネルで分解すれば、確かにこうなる…）

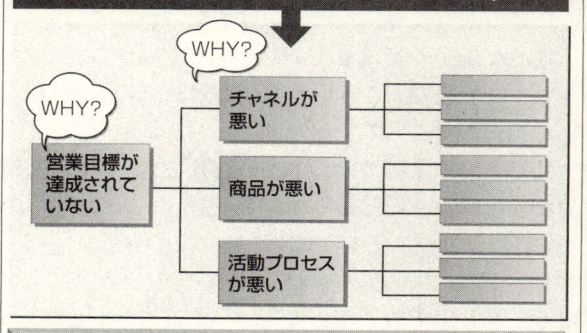

```
WHY?
営業目標が達成されていない
　├─ チャネルが悪い　── WHY?
　├─ 商品が悪い
　└─ 活動プロセスが悪い
```

実際は、チャネルだけでなく、要素の複合的な組み合わせが大きな問題であるケースが多い。

て、「目標設定ができていないから」「目標共有ができていないから」「実行管理ができていないから」。このように、動詞がすべて同じでは、WHATツリーの単なる応用にすぎない。

WHYツリーとして進化させるには、動詞もそれぞれの主語や目的語に合わせて、最も的確な言葉に変えていく必要がある。

そして、みんなが「そうそう！」と思えるような表現を心がけないと、抽象的・総花的・一般的な言い方になってしまい、聴き手の心に残らない。形容詞や副詞の使い方も重要だ。

「メンバーが納得する目標設定になっていないから」
「目標の共有に対する働きかけがないから」
「地道&先手の実行管理ができていないから」
といった表現だ。こういう表現だと、その組織のあり様が見えてくる（図3-15）。

はじめの書き方では、どこの会社でも通用する一般的な表現になってしまっている。

WHYツリー、そしてこのあとのHOWツリーも、ぜひ、聴いているメンバーが「そうそう！　なるほど！」と思えるような表現でつくることを意識して欲しい。優等生的なWHY & HOWのツリーは、いくらでも教科書的につくれる。

しかし、自分たちの現場で本当に起きている問題に

3-15 WHYツリーのケース
～より真因に近づくことが大切

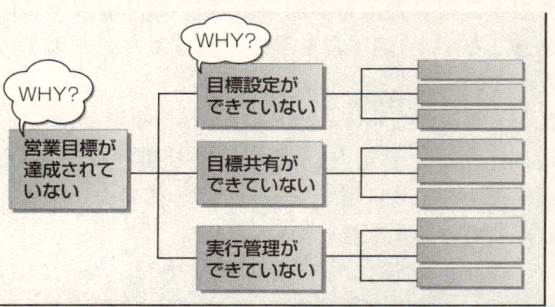

WHY? 営業目標が達成されていない

WHY?
- 目標設定ができていない
- 目標共有ができていない
- 実行管理ができていない

（やや機械的なので…）

WHY? 営業目標が達成されていない

- メンバーが納得する目標設定になっていない
- 目標の共有に対する働きかけがない
- 地道&先手の実行管理ができていない

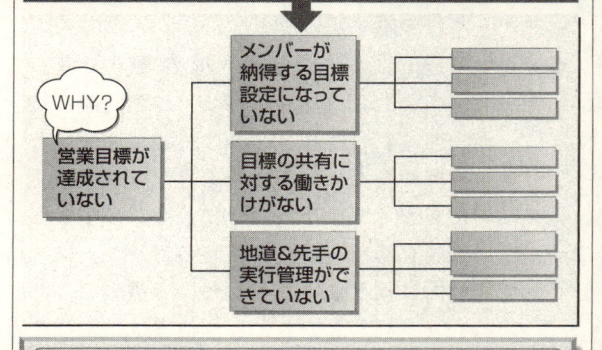

表現が変わるだけで、原因が見えはじめてきて、分析を先に進めたくなる。

ついてなのだから、自分たちが納得できる書き方で、書かれていなければ、実行にいたるわけがない。
「相手目線の営業力が弱いから」「商品に競争優位性を感じないから」「営業現場のやる気を引き出す仕組みがないから」
といった表現なら、「ふむふむ」とうなずきやすい。

　これらは、「営業力」「商品力」「仕組み力」というフレームをベースに置いて、あとからその上に乗る、しっくりくる言葉を紡いでいるのだ。

　この時、もう1つ気をつけるべきは、ループ。「なぜ？」への答えが浅くなり、抽象度が上がると、ループし出す。下位階層に行けば行くほど、深い理由にしていくことを、意識し続けよう。

「なぜなぜ5回」に関しては、1つの深掘りで進めているケースが多い。しかし、本当は1つの問題に対して、「なぜなぜ5回」は、3×3×3×3×3……というように、真因の候補は増えていくのだ（図3-16）。

　第5階層にあがってきた真因オプションの中から、3つの真因仮説を検討する。この時のポイントは、自分たちで能動的に何とかできること、を選ぶことだ。「社長のせい」「本部が悪い」という他責は、避けた方がいい。

　なぜなら、WHYツリーは、このあとのHOWツリーと一体で活用すべきだからだ。WHYツリー単独では、

3-16 「なぜなぜなぜなぜなぜ」がWHYツリーの基本

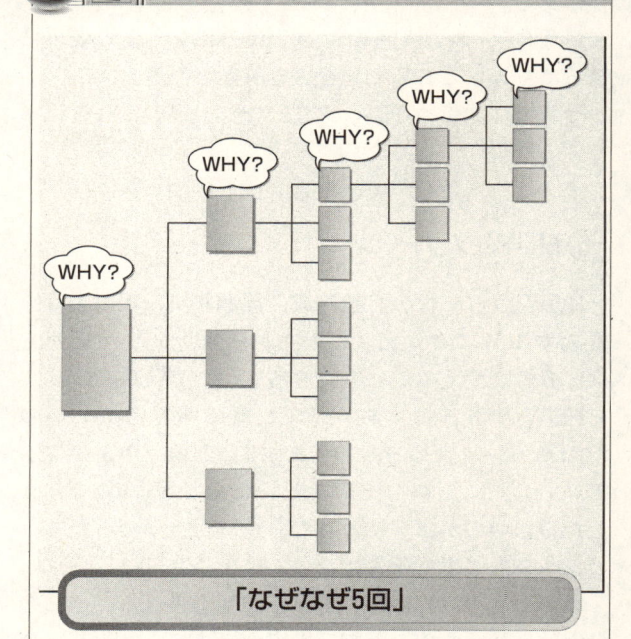

（WHY?が5段階に展開される図）

「なぜなぜ5回」

3×3×3×3×3……で原因が見えてくる！
この多くの原因の中に、たった1つの真の原因
＝「真因」が隠されている！！！

グチの言い合い、責任のなすりつけ合い、になる可能性がある。

最後に、3つの真因仮説のそれぞれを、裏の表現にひっくり返すと、取り組むべき課題となる。

それでは次に、HOWツリーで、一連の流れを追っていこう。

⑤ HOWツリー

HOWツリーは、目標達成、課題解決、戦略実行を議論する時に有効だ。だから、HOWツリーを使えば、会議を変えることもできる。

HOWツリーは、あくまで提案の叩き台でいいのだ。「こういう進め方もありますよ」という仮説の提示でいいのだ。正解を出そうとしなくてもよい。「どうしたらいいのか？」に対して、正解が1つだったら、ビジネスも人生も苦労はない。

いくつもの、打つ手や解決策が考えられる。それを徹底的に議論することで、内容が深まり、メンバー全員が腑に落ちるようになる。この共有プロセスが、一番大切なのだ。

先ほどのWHYツリーの続きを、考えていこう。

「営業目標が達成されていない」の真因仮説の1つと

して、5階層目にある「商品開発部隊が、市場をわかっていない」とする。

この真因仮説を裏返すと、「商品開発部隊は、もっと市場と直接関わるべき」。この仮説から、「ユーザ巻き込み型新商品開発プロセスの実施」を取り組み課題とする。

では、いったいどうやって、「ユーザ巻き込み型新商品開発プロセスの実施」を実現するのか。これを、具体的な行動に落とし込み、明日からの動きが見えるようにするのが、HOWツリーだ（図3-17）。

HOWツリーも、WHYツリー同様、納得感がポイントだ。描かれたHOWツリーを、下の階層から逆に検証した時に、納得できるかできないか、がよくわかる。

①たとえ、AとBとCを実行したからといって、とてもXが実現できるとは思えない。

②なるほど、AとBとCを実行すれば、確かにXは実現できるじゃないか！

この2つを分けるのは、日本語力の違いが大きい。聴いている相手が、しっくりくる表現と的確な語彙で、文章化されているかどうか。これで、納得感は変わってくる。少しとんがった言葉で表現するからこそ、議論がわき起こる、そして意見を戦わせることで、互いに腑に落ちた HOW ＝実行プランとなるの

3-17 現場におけるアクションにつながるHOWツリーの策定STEP

ユーザ巻き込み型新商品開発プロセスの実施

どうやって？

- **A ユーザ側**: 協力的なユーザ（既存、見込）によるモニターグループ組織をサイクル化する
- **B 社内プラス面**: 問題意識をもっている若手中心のプロジェクトチームで推進する
- **C 社内マイナス面**: 社内の実施に対する阻害要因への対策を効果的に行う

〈STEP 1〉
トップボックスを実現するための、大きなフレームワーク（対象分野、テーマ）を決める

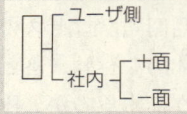

```
 ┌─ ユーザ側
 │          ┌─ +面
 └─ 社内 ─┤
            └─ -面
```

左図では、主要な関係者で構成

〈STEP 2〉
各対象分野において、現状で最も必要と思われることをキーワードであげる
A モニターグループ組織化
B プロジェクトチーム推進
C 社内阻害要因対策

〈STEP 3〉
自分の会社の現状から最も適した納得のいく形容詞・副詞をつけて意志を表す

だ。

　ここを避けてはいけない。仮説＝叩き台として、HOWツリーを議論に使っていくと意思決定プロセスが変わる。

　HOWツリーは、「どんな××を、どんなふうに、どうするのか」を明確にすること。「どう」＝ HOWへの答えの部分が、重要なのだ。だから、形容詞や副詞や動詞が大切。この「どう」に、意志が入る。思いが入る。戦略性が入る。

「いい商品を開発する」ではダメ。これでは、どこの会社でも、誰でも、反対はしない。しかし、まったく意志が感じられない。

　少なくとも「ユーザ巻き込み型生活感動商品」「ユーザ巻き込み型エコ意識喚起商品」「ユーザ巻き込み型父権復活商品」といった意志は欲しい。

「どんな商品を、どのように、どうするのか」を、具体的に伝えなければ、現場は動けない。

　HOWツリーで、動きをつくり出す。いいHOWツリーは、5階層目の横に、メンバーの名前を書いて、その横に4月5月6月……と書く。これで、トップボックスの取り組み課題を実現するためのアクションプランができあがる。

　トップボックスに基本戦略を置けば、その基本戦略を実行するためのアクションプランができあがるわけ

第3章◎「3つのツール」は、ビジネスパーソン必携の武器　　155

だ。ここまで、しっかりと戦略について実行プランに落とし込む議論を、メンバーとすることができれば、戦略が一貫した組織をつくることができる。

このように、現場の意思決定や変化創出に、直接的に役に立つのが、HOW ツリー。

HOW ツリーの叩き台を、どんどんつくって、みんなの議論をあおろう。HOW ツリーへの意見や質問から、それぞれのメンバーの優先順位や問題意識や現状把握の違いが、はっきり見えてくる。

やってはいけないのは、WHAT ツリーの応用ケースで、網羅リストをつくり、それだけで「できた！終わった！」と思ってしまうこと。それでは、単なるリストだ。

リストではなく、動きをつくり上げ変化を生み出すHOW ツリーを、どんどん使っていこう。

3 ツール2：「マトリックス」
＝2軸のポジショニングで、見えないものが見えてくる

① 「位置化」するからわかる

2つ目のツール「**マトリックス**」は2つの軸により、多くの要素をばっさりと整理するものである。

例えば、あなたがパソコンを購入しようとしているとする。持ち歩くことが多いので、ノート型というのは決めている。それでも、いろいろなメーカーがさまざまな価格帯や機能のものを出しており、なかなか決めることができない。

そこで、あなたは、横軸にパソコンの機種名、縦軸に価格や機能、サイズなどパソコンのスペックを書き出し、比較表をつくってみた。これで、どのパソコンのどこが優れていて、どこが不足しているのか一目瞭然となり、購入するパソコンを決断できることとなる。

さて、実はこの時、あなたは無意識にマトリックスを使ったのだ。マトリックスとは、縦軸と横軸の2軸で多くの要素を整理し、分析するためのツールなのだ。

マトリックスの主な用途は、

> ポジショニング化〜客観化〜位置化

することである。

　ポジショニングとは、客観化した上で、位置づけをしたりグループ化することである。自社製品のシェアの位置化、顧客ターゲットのセグメント化、ＳＷＯＴ（強み・弱み・機会・脅威）分析などである。

　マトリックスは、通常２つの軸で各要素を整理し、体系化するものだが、構造として大きく２つのタイプがある。

(a)ポジショニングタイプ
　２軸をクロスさせ、４象限をつくり、そこにいろいろな要素をプロットし、グループ化したり、セグメント化するもの
(b)テーブルタイプ
　横軸に比較する対象、縦軸に比較する要素（項目）を羅列し、内容をリストアップしていく比較表、選択肢（オプション）一覧のようなもの（図3-18）

　マトリックスを便利な道具としてビジネスシーンで使う場合は、
　＊ポジショニングマップ分析

3-18 マトリックスの2つのタイプ

(a) ポジショニングタイプ

- 縦軸上: バッテリーが保(も)つ（10時間以上）
- 縦軸下: バッテリーは普通（3時間）
- 横軸左: 普通（2.0kg）
- 横軸右: かなり軽い（0.7kg）
- 中央上寄り: 売れている商品

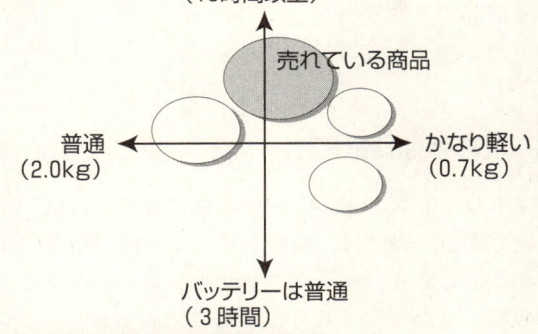

(b) テーブルタイプ

メーカー	A	B	C	D
ブランド	aaa	bbb	ccc	ddd
厚み	○ミリ	○ミリ	○ミリ	○ミリ
重さ	○グラム	○グラム	○グラム	○グラム
バッテリー	○時間	○時間	○時間	○時間
価格	○円	○円	○円	○円
……	……	……	……	……

＊顧客ポートフォリオ分析
　＊ＰＰＭ（プロダクト・ポートフォリオ・マネジメント）分析
　＊ＳＷＯＴ（強み・弱み・機会・脅威）分析
　＊戦略オプション・マトリックス
　＊商品マトリックス
などの手法があげられる。

② 決め手は「軸設定」

　マトリックスで考える時に非常に重要なのは、軸の設定である。軸とは、要素を整理する時の切り口や視点のことであり、優れたコンサルタントになると、要素の塊を見ただけでも、どの軸でマトリックスをつくるべきかが神のお告げのごとく、ひらめくのだ。

　いい軸とは、整理する要素の特徴を明確に表現できるもの。反対に使えない軸とは、プロットした要素がひと塊になり、何の特徴づけもできないものである。

　この２つの軸があまりにも似た切り口になると、マトリックスの意味がなくなる。例えば、高付加価値 ←→ 低付加価値と、高価格 ←→ 低価格の軸ではマトリックスになりにくい。右斜め45度に各要素が並んでしまう（図３−19）。

　軸の設定を間違えると、分析結果が非常に曖昧なも

のになり、そこから何も導き出すことができない。

前述したように、マトリックスの使い方には2種類ある。自分で軸設定を行う場合と、すでにスタンダードなツールとして利用されている軸を活用する場合である。

自分で2つの軸をクロスさせ、4つの象限を設定し、その象限に各要素をプロットして、特徴を分析するものでは、どの軸で作成するかは、あくまで自分で考えなければならない。よくあるメソッドとしてはターゲット・セグメンテーションや製品ポジショニングマップがこれに当たる。

次に、ビジネスの世界の共通ツール、すなわち、も

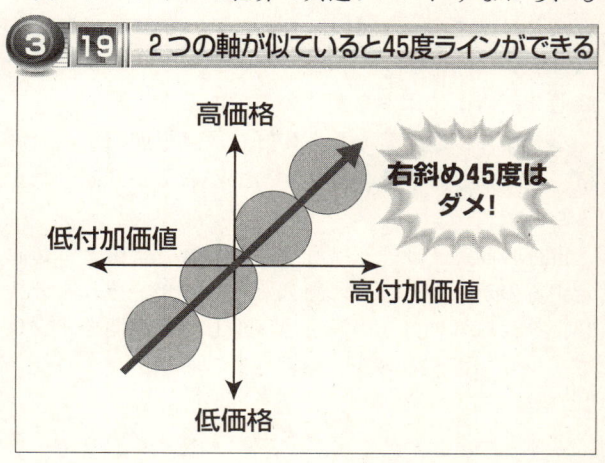

3-19 2つの軸が似ていると45度ラインができる

右斜め45度はダメ！

縦軸：高価格／低価格
横軸：低付加価値／高付加価値

ともと決まっている軸（項目）に沿って、内容をまとめていくものには、ＰＰＭ（プロダクト・ポートフォリオ・マネジメント）分析やＳＷＯＴ（強み・弱み・機会・脅威）分析、戦略オプション・マトリックスなどがある。

③ お客さまが見えてくる

　商品やサービスは当然、その購買層を意識して開発され、市場に投入されなければならない。ユニクロが、いくら「みんなのカジュアル」を標榜(ひょうぼう)し、年齢や性別を問わないカジュアルウェアを提供したとしても、おばあちゃん、おじいちゃんたちの集客力は、「おばあちゃんたちの原宿」と呼ばれている巣鴨の地蔵通り商店街にはかなわないのである。

　なぜなら、お年寄りたちの好む商品形態、手頃な価格、地蔵通りという立地、すべてがお年寄り向けだからなのだ。

　自社の商品・サービスや事業のお客さまをどこに設定するのか、それはどんな人たちなのか、それを分析し、それ以外のほかの層とは区別して商品開発やプロモーションをするのが「お客さま・セグメンテーション」である。

　よくターゲット・セグメンテーションというが、こ

の言い方は、つくり手の視点である。私たちは、あえてターゲットという言葉の代わりに「お客さま」を使わせていただく。

お客さま・セグメンテーションを考える時、お客さまを表す切り口は図3-20のように、大きく2つある。「属性別」と「ライフスタイル別」である。

「属性別」とは年齢、性別、職業、学歴、所得、居住地などの項目～デモグラフィックス特性で分類する。

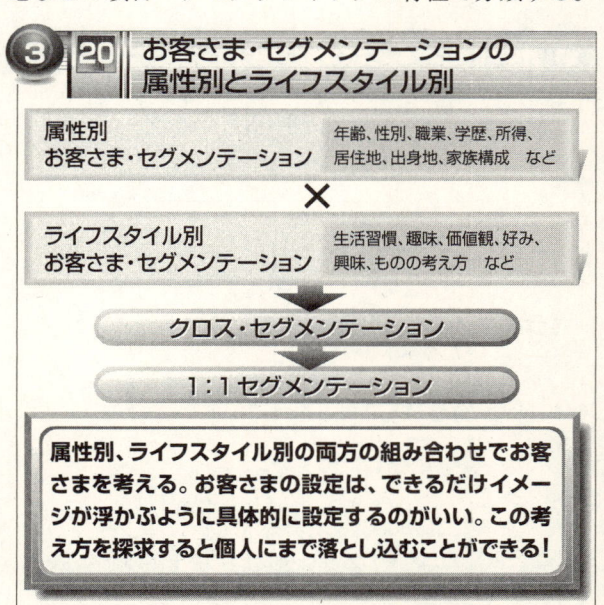

3-20 お客さま・セグメンテーションの属性別とライフスタイル別

属性別お客さま・セグメンテーション　年齢、性別、職業、学歴、所得、居住地、出身地、家族構成　など

×

ライフスタイル別お客さま・セグメンテーション　生活習慣、趣味、価値観、好み、興味、ものの考え方　など

↓

クロス・セグメンテーション

1:1セグメンテーション

属性別、ライフスタイル別の両方の組み合わせでお客さまを考える。お客さまの設定は、できるだけイメージが浮かぶように具体的に設定するのがいい。この考え方を探求すると個人にまで落とし込むことができる！

一方、「ライフスタイル別」とは、価値観、生活習慣や好みなど、属性では分類しきれない、さらに突っ込んだ内容の項目で分類する考え方だ。

　今や、どちらか一方でお客さま層を語るより、両方の組み合わせで設定すべきだろう。例えば、カーナビゲーションの購買お客さま層は、20〜30代の男性、車好き、ドライブ好き、小旅行好き、新しモノ好き、などと属性とライフスタイルの両方の側面でセグメント

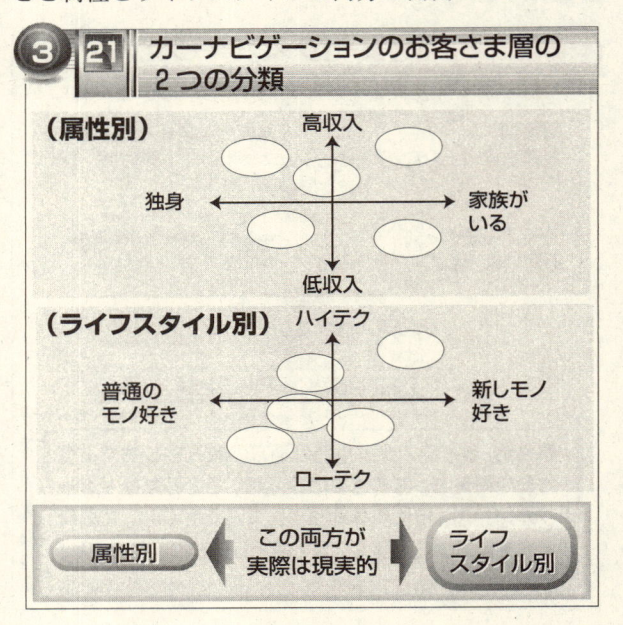

3-21 カーナビゲーションのお客さま層の2つの分類

（属性別）

高収入 ／ 低収入 ／ 独身 ←→ 家族がいる

（ライフスタイル別）

ハイテク ／ ローテク ／ 普通のモノ好き ←→ 新しモノ好き

属性別 ←→ この両方が実際は現実的 ←→ ライフスタイル別

するのだ（図3-21）。

　お客さま・セグメンテーションの軸設定は重要だ。何を軸に設定するかによって、お客さま層の特徴が明確に浮き出るかどうかが決まるからである。

　図3-22は、あるメーカーによって開発された「洗剤のいらない洗濯機」のお客さま・セグメンテーションである。軸の設定は「環境への配慮」と「世帯収入」とした。

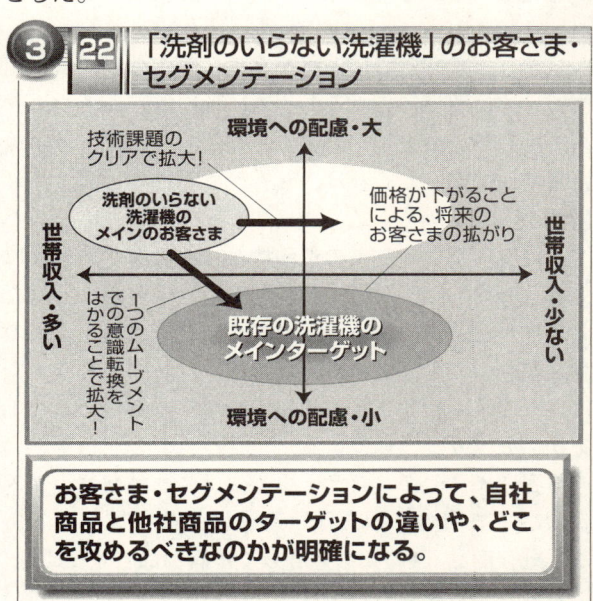

3-22 「洗剤のいらない洗濯機」のお客さま・セグメンテーション

- 環境への配慮・大
- 技術課題のクリアで拡大！
- 洗剤のいらない洗濯機のメインのお客さま
- 価格が下がることによる、将来のお客さまの拡がり
- 世帯収入・多い
- 世帯収入・少ない
- 1つのムーブメントでの意識転換をはかることで拡大！
- 既存の洗濯機のメインターゲット
- 環境への配慮・小

お客さま・セグメンテーションによって、自社商品と他社商品のターゲットの違いや、どこを攻めるべきなのかが明確になる。

従来の洗濯機は、すすぎの水が少なくてすむといった節約の側面からの消極的な環境配慮であり、それ自体が環境に配慮する人の購買動機とはなりにくかった。

　洗剤のいらない洗濯機は、イオンや超音波によって汚れを落とすもので原則的に洗剤を使用しないため、購買層には積極的に環境への配慮をしようとする意図が見える（しかも洗剤代が浮き、水道代も浮くというオマケつき）。

　しかし、現時点では価格が高く、既存の洗濯機に比べ、すぐに買い替えようとするには障壁があるため、当然、高収入の世帯がお客さまとなる。ただ、数年後に価格が下がってくれば、お客さまが横に拡大する可能性がある。

　この洗濯機は、従来の洗濯機とは、お客さまを異にするものであり、双方でお客さまを食い合うことはない。けれども、価格帯が近づき、消費者に環境保護の意識が今よりも高まってきた時には、新開発の洗濯機は従来の洗濯機のライバルに十分なりうるのだ。ハイブリッド・カーに似ている。

　お客さま・セグメンテーションは、商品やサービスのお客さま層の特徴を浮き彫りにするメソッドである。既存商品（サービス）もしくは新商品（サービス）にお客さまとなりうる購買層があるのかどうか、食い

合う競合商品はないのかを分析することができる。

マトリックスは、このお客さま・セグメンテーションが代表例である。しかも、このセグメント（区分けする）には、自分の判断による軸設定が必要だ。

軸設定のコツは何か？　それは、

> プロットする要素の価値の分解

にある。洗剤のいらない洗濯機は、

　＊環境にやさしい
　＊洗剤レスでとても便利
　＊トータルなムダを排除
　＊高付加価値＝高価格

という価値・特徴・特性がある。

この価値・特徴・特性をいかに引き出すかが軸設定のポイントだ。図3-22は、これらの価値から2つをそのまま軸にした。このように直接的に軸設定をしてもいいし、価値をさらに間接的にブレイクダウンさせてもいい。大切なのは価値・特徴・特性をえぐることだ。コンセプト化することにもなる。

場数を踏まないと、この軸設定力は本物にならない。その意味では、できるだけよく使われているフレームワークを覚えることをおすすめする。ＰＰＭ分析、ＳＷＯＴ分析、戦略オプション・マトリックス、既存・新規の市場×製品（アンゾフのマトリックス）（図

3-23)、3Ｃ（4Ｃ）分析、4Ｐなどの考え方を学び、暗記して、何度もマトリックス化してみることだ。

　そのうち軸設定に慣れてくる。そして、いずれ「ホワイトボードに描きたくて、いても立ってもいられない！」状態になってくる。軸を描きたくてたまらなくなってくるのだ。「軸！」「軸！」「軸！」だ。

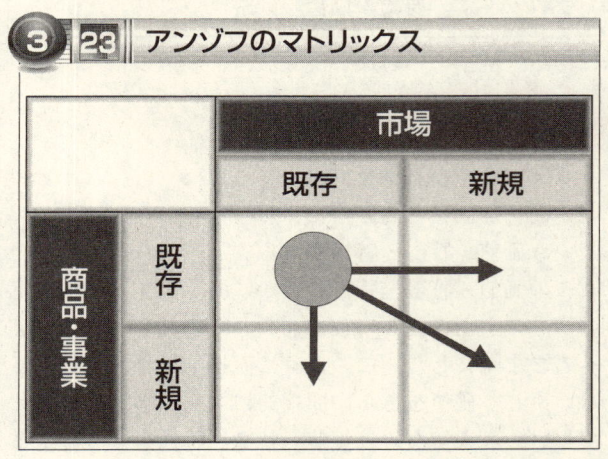

3 | 23　アンゾフのマトリックス

		市場	
		既存	新規
商品・事業	既存	● →	→
	新規	↓	

4 ツール3:「プロセス」
=情報を時間軸・シーン別に整理するとわかりやすい

① 全体フレームを大きく区切る

3つのツールの最後は、「**プロセス**」だ。プロセスとは、工程・過程・時系列を意味する。

＊モノの流れ
＊お金の流れ
＊価値の流れ
＊業務の流れ
＊時間の流れ

などを表現・整理・分析する時に使う。

例えば、業務の過程や価値連鎖の分析をするビジネスシステム分析、事業や商品の過去・現在・未来の地図である事業（商品）ロードマップなどが、このプロセスの典型例だ。つまり、プロセスは、より時間軸を意識したものになっている。

問題や課題をモレなく洗い出す時に活用できるのがプロセスである。ものごとをそれが行われるプロセスに分解し、どこに問題があるのか、どこを変えるべきなのか、どこに課題があるのかを明確にすることができる。

プロセスの主な活用用途は、

| 流れを知る〜考える〜分析する |

ことである。

　問題や課題を漠然と考えるのではなく、業務の流れに沿って洗い出すのだ。時間軸を明確に意識するのだ。時間の流れによる価値のつながりという「プロセスで考える」のである。

　例えば、なかなか契約に結びつかない営業マン。一日に何件もアポイントを取り、顧客のもとを訪問している。「営業は数打ちゃ当たる。営業マンはガッツだぜ！」とでも言わんばかりに、根性勝負の営業スタイルだ。だが、今や根性営業で仕事になる時代は終わった。顧客とWIN-WINの関係をつくれなければ、営業マン失格なのだ。

　HRインスティテュートでは、この顧客とのWIN-WINの関係づくりのため、営業活動をプロセス化したＣＩＡＯという「ロジカルセリング・プロセス」を構築した。ＣＩＡＯとは、営業マンが顧客を訪問してから受注するまでをプロセス化し、何をすべきかを流れで示したものである。

　Ｃ（Commitment）でまず信頼性を構築、Ｉ（Issue）で課題の共有化、Ａ（Assumption）で仮説の設定・検証、最後にＯ（Offer）で受注となる（図3-24）。

3-24 ロジカルセリング・プロセス

プレパレーション Preparation	準備	・エリア調査 ・ターゲット分析
コミットメント Commitment	信頼	・会社案内 ・ラポールを取る
イシュー Issue	課題	・リスニング ・質問力
アサンプション Assumption	仮説	・ロジックツリー ・呼び水
オファー Offer	受注	・ためらいをなくす ・交渉力
アフター After	メンテ	・ロイヤルティ獲得ツール ・イベント

第3章◎「3つのツール」は、ビジネスパーソン必携の武器

現状をまとめ、問題点や課題を見つけ出すためには、すべての作業プロセスを一度洗い出し、どこに問題が潜在化しているのかを見つける。プロセスは、そのためのツールなのだ。

② プロセスを展開して考える

プロセスで考えるための主なメソッドとして「ビジネスシステム（バリューチェーン）」「ロードマップ」「プロダクトライフサイクル」「ＡＩＤＭＡ」、そして前述した「ロジカルセリング・プロセス」などがある。

「ビジネスシステム（バリューチェーン）」とは、製品やサービスが開発から市場に出る（顧客の手に渡る）までのビジネス全体のプロセスにおいて、自社の強み・弱みを整理して自社の課題を導き出そうというものだ。

これは、ハーバード・ビジネススクール教授Ｍ・Ｅ・ポーター氏のバリューチェーンの概念が根底にある。顧客が得られる価値を生み出すために、ビジネスフローの中のどこに力点を置くのかを視点に考える。ビジネス全体のプロセスとは、研究→開発→仕入れ→製造→広告→宣伝→物流→販売→保守サービスといった企業活動である。この中で顧客が得られる価値を最

大限にするということが前提になっている。

プロセスというツールの中で、特にHRインスティテュートがこだわっているのが、ロードマップである。ロードマップとは、「未来予想図」のこと。時系列に自社の事業や商品を整理し、いつどんな事業を行うのかをかなり中・長期的に考えるためのものである。

要するに、いつどんな技術を開発し、それをどんな製品として市場に投入していくのか、またはどんな事業をいつの時点で展開していくのかを、過去～現在～未来という時間軸でまとめたものである（図3-25）。

主なロードマップには、次の3つがある。

＊製品（商品）ロードマップ

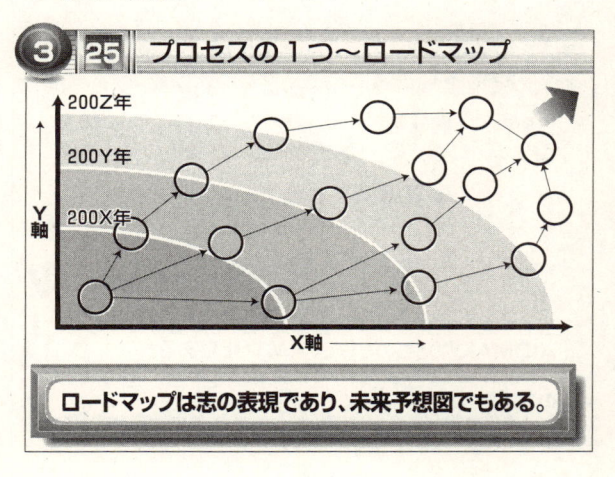

3-25 プロセスの1つ～ロードマップ

ロードマップは志の表現であり、未来予想図でもある。

＊技術ロードマップ
＊事業ロードマップ

製品（商品）ロードマップであれば、製品開発の未来予想図であり、事業ロードマップならば、どんな事業にしていくかの未来予想図である。2軸（X軸・Y軸）でつくるとよい。

NECのC&C（コンピュータ＆コミュニケーション）は、事業ロードマップを一言で表現した素晴らし

③ 26 AIDMAもプロセス！

Attention	Interest	Desire	Memory	Action
注意を促す	興味をそそる	欲望をかきたてる	記憶させる	購入する

購買動機プロセス →

販売促進プロセス →

AIDMAに似たものとして、AMTULがある。
Awareness Memory Trial use Usage Loyalty
のプロセス。

い事業コンセプトであった。未来への道であったのだ。

「プロダクトライフサイクル」とは、商品やサービスが市場に出てから、撤退するまでを人間の一生に見立て、売上軸と時間軸で導入期、成長期、成熟期、衰退期と4つのサイクルに分けて、その時期に取るべきアクションを考えるというものである。必ずしもすべての商品やサービスがこの経過をたどるとは限らないが、1つの商品サイクルの流れとしてとらえられるだろう。

広告業界、マーケティング・カテゴリーで使われる「ＡＩＤＭＡ」とは、顧客の購買心理プロセスを示したもので、A（Attention：注意を促す）、I（Interest：興味をそそる）、D（Desire：欲望をかきたてる）、M（Memory：記憶させる）、A（Action：行動させる→購入する）の頭文字である。この購買心理プロセスを活用して、企業が顧客にどうアプローチすべきかを考えるものである（図3-26）。

③ 企業活動をプロセスに落とす

マトリックスのメソッドであるコア・コンピタンス分析は、企業としての能力に視点を置いて、それを他社との比較によって、自らの独自性、差別的優位性を

探ったものだ。

一方、プロセスのメソッドで前述したビジネスシステムは、縦軸（または横軸）を業務のプロセスに置き、それぞれのプロセスでどこが優れているかを他社と比較するものである。顧客が最も価値を見出している自社の特性をプロセスに沿って導き出そうとするものだ。

図3-27のように、横軸に競合企業、自社の強み・弱み、縦軸に商品が世に送り出されるまでの企業活動をプロセスとして、研究→開発→仕入れ→製造→広告宣伝→物流→販売→保守サービスと分解した項目をあげている。

その軸のクロスで、それぞれ顧客に付加価値を与えるための自社の強み・弱み、さらには競合企業の強み・弱みには何があるかをまとめるのである。簡単に言えば、業務プロセスを活用した顧客視点のコア・コンピタンス分析のようなものだ。

図3-28で作成したビジネスシステムは、競合A社の強み・弱みと競合B社の強み・弱みを前提に、自社の強み・弱みを反映させ、どんな方向に各ビジネス（業務）プロセスをもっていくべきかをまとめたものだ。コア・コンピタンス分析の変形と考えてもよい。戦略オプションを考えるための整理・仮説と位置づけられるものだ。

3-27 ビジネスシステム分析例

	競合A社の強み・弱み	競合B社の強み・弱み
研究	◯ 総合力 ✕ 官僚的、古い	◯ 売れ筋商品に特化 ✕ 基盤技術
開発	◯ 総合力、リサーチスタッフ ✕ 市場ニーズ対応	◯ 市場ニーズ対応 ✕ 開発サイクルが長い
仕入(調達)	◯ 低コスト ✕ 標準化	◯ 標準化 ✕ 歩留まり
製造(生産)	◯ ロス率 ✕ モチベーション	◯ 完全FA化 ✕ リコール対応
広告宣伝	◯ メディアミックス ✕ コンセプト不足	◯ コンセプト ✕ 出稿量
物流	◯ ネットワーク力 ✕ 少量化	◯ 少量化 ✕ コスト
販売	◯ 総合力、チャネル力 ✕ 画一化	◯ チャネルの求心力 ✕ 店舗数
保守サービス	◯ 総合力 ✕ スピード	◯ スピード ✕ 総合力

第3章◎「3つのツール」は、ビジネスパーソン必携の武器

3-28 ビジネスシステム分析例

	自社の強み・弱みと競合の強み・弱みを踏まえた方向づけ
研究	海外との提携によりノウハウを取り入れ、顧客のニーズに対応する体制を確立
開発	常に製品に新鮮さを入れるため、開発スタッフの質量とも業界トップレベルへ
仕入（調達）	商品の特徴を出すため、商品ごとに部品を変えているが、調達コストが高いので部品の標準化をはかる
製造（生産）	複雑な部品を、各ラインで組み立てているため製造コストが高いので、アウトソーシング・ボリュームを拡大
広告宣伝	一般向けの広告費用は削減し、特定のファン向けイベントを行う
物流	一括輸送にし、輸送コストを下げる
販売	店舗販売以外にもインターネットを活用し、クリック＆モルタルを徹底する
保守サービス	スタッフの教育不足によるクレーム対応やアフターサービス対応の強化

全体をとおしてでは埋もれてしまう問題や課題が、プロセスを追うことによって明らかになる。それがプロセスで考えるということである。

　これまで、**ロジックツリー**、**マトリックス**、**プロセス**と3つのツールを見てきた。これらツールは何も企業レベルだけで活用するものではない。ビジネスパーソン一人一人の論理的思考レベルを高めるのにも非常に有効だ。

　必要に応じて、常にこれらツールを駆使してみて欲しい。自然とロジカルシンキングする習慣が身につき、「ロジカルな人」への第一歩を踏み出せることは確実だ。

　形から入り、中身を磨くアプローチだ。できる人は、どこを切ってもスキがない。できない人は、どこを切ってもスキだらけだ。「ロジカルシンキング」というフレームを自分自身にはめて、自分の思考・行動様式をより論理的に見つめ、より論理的に行動して欲しい。

　3つの思考法、3つのツールは、皆1つのものにつながっている。それは、「わかりやすさ！」である。論理性は、難しくなっていては意味がない。わかりやすいから論理的なのだ。論理的だからわかりやすいのだ。ロジカルシンキングはリーダーの条件であり、できる人の武器でもある。

まとめ

「3つのツール」はビジネスパーソン必携の武器

★3つのポイント★

1) 「ロジックツリー」は、ツールの王様。ロジックツリーを使いこなすことができるかどうかで、その人のロジカル度がわかる。

2) WHATツリーは、全リスト化。WHYツリーとHOWツリーで、課題解決に活かしていこう。

3) プロセスは1軸で整理し、マトリックスは2軸で表現する。ツリーには、プロセスやマトリックスの要素を含めることができる。

第4章

ロジカルシンキングで会議を進化させる

1 日本型会議を破壊せよ！

① 会議の付加価値を高める

　日本型会議の弊害。かなり、たくさんある。会議の回数が多すぎる。参加人数が多い。会議の時間が長い。一人当たりの発言も長い。いったい全体、全社でどのような会議がどれだけあり、どれだけの人数が、どれだけの回数、どのくらいの時間をかけているのか？　こうした会議の実態をキチンと把握している企業はほとんどないだろう。

　ロジカルシンキング文化がない企業は会議が多い。ロジカルシンキング文化がある企業の会議は短い。わかりやすい！企業への変身だ。

　1日会議漬け、会議に出ることが仕事の人さえいる。すぐやるべきことは、いろいろな観点から削る、絞り込む。量的側面からの凝縮だ。

　会議は、その機能で大別すると次の3つ。
　①**伝達会議**…定例的な報告会、社内トピックスなどの社内伝達のための会議
　②**調整会議**…各種の案件について事前の根回し。調整のための会議

③問題解決会議・決定会議…各種の課題テーマ、戦略テーマなどについての解決や意思決定をはかるための会議

①②は別名、顔合わせ会議、お喋り会議だ。①は、やめる。②は減らす、ならびに③に変える方向で検討しよう。マンネリになっているような会議はすべて廃止！　ロジックをコアに！

松下電器産業が"破壊と創造"に取り組み、とうとう「松下」を社名からなくし、「パナソニック」へと生まれ変わる。従来型製造業の最強のビジネスモデル、製販一体型「事業部制」組織の解体。さらには、日本的雇用慣行のモデルとなってきた松下の人事。一転して早期退職の募集を含むリストラを前倒し。

もちろん、会議もリストラで「半減！」。当時の社長の中村邦夫氏がもともと会議嫌いということもあるが、削られた会議は、おそらく伝達会議と調整会議。案の定、なくしたからといって業務に支障が出ていないようだ。「日本型会議は半減せよ！」。これぐらい過激になってちょうどいいだろう。ロジカルシンキング文化創造への挑戦でもある。わかりやすい！企業文化創造である。

会議半減だけでは芸がない。eメール、ボイスメール、チャットやイントラネットでの会議室など、ＩＴ（情報技術）化〜ネット化への取り組みが大事だ。伝

達・調整会議を補完するだけでなく、意思決定の質とスピードを高めるのだ。

稟議の決裁過程もすべてＩＴにのせる。「発議者への質問と回答」「助言や要請事項」「却下した理由」などをデータベース化することで意思決定プロセスをナレッジとして活用することが可能になる。

決裁のスピード化はこうだ。従来は、中間決裁者が一人でも否認すれば稟議は差し戻し。もう一度書き直して承認を得るなど、長い時間がかかった。これを３日たった時点で、否認する中間決裁者がいたとしても最終決裁者が判断を下すようにしてしまう。

このような意思決定のパッケージソフトは各社独自につくっているようだが、その中に、「３つの思考法」「３つのツール」によるチェックポイントがサポートされているようであれば、意思決定の中身はぐっと深まるのではなかろうか？　要は、最終的な意思決定を行うのは人なのであるから。

② 意志ある仮説づくりを行う

そう、最終的な意思決定を行うのは「人」だ。だからこそ、質的側面からの凝縮、アウトプットの価値を高める必要がある。

参加者一人当たり、１時間当たりのコストは？　参

加者全員でどれだけのコストが費やされているのか？　年間に換算すると？　本当にそれに見合ったアウトプットを上げているのか？　というチェックだ。意思決定プロセスをＩＴ化しても意思決定の精度が低ければ意味がない。

　イトーヨーカ堂の「店長会議〜業革」が起点となっているセブン-イレブン・ジャパンの「ＦＣ（フィールド・カウンセラー）会議」は、隔週火曜日に現場の責任者＆担当者約1800名全員が一堂に会して実施される。

　月ごと、週ごとの市場ならびに現場の動きを関係者全員が分析し、共有する。
「仮説検証型経営」と言われるセブン-イレブン・ジャパンのシンボリックな会議だ。

　なぜ、この商品は売れたのか？　売れなかったのか？　この店舗は何がよかったのか？　などを全員で共有し、仮説検証サイクルを回すのだ。
　①理解
　②賛成・賛同
　③行動
　④行動の継続
　⑤効果測定
を確認している会議だ。

　再春館製薬所の「横串会議」は、週に１回の実施。全員がワンフロアで仕事をしているからコミュニケー

ションがいいはずだが、それでも組織の壁ができるということで横串会議というコンセプトで新しい発想を生むためのユニークな会議を実施している。

トリンプ・インターナショナルの「早朝会議〜ＭＳ会議」も１時間で次々と案件を処理している有名なユニークな会議だ。動きを早く察知し、機敏に対応するための「スピード経営のシンボル」である。

これらの会議に共通するのが、
①変化の把握を全員で行う
②仮説を設定する
③仮説を検証するための情報を用意する
④仮説検証サイクルを回す
などである。

「変化を把握する」「仮説を設定する」ためには、目的に照らして把握すべき変化指標を定め、ゼロベースで枠組みを考え、いくつかの方向性を明確化するための「３つの思考法」が大事になる。
「情報を収集＆分析する」では、分析結果を体系化し、各々の位置づけを明確化し、ものごとの動きや流れを「３つのツール」で押さえる。

そして、「仮説を実行・精緻化・修正する」では「３つの思考法」と「３つのツール」だ。仮説のさらなる検証と、次のサイクルへ移ることから、この２点が必

4-1 仮説検証サイクルを回すための ロジカルシンキングのポイント

	3つの思考法			3つのツール			ポイント
	ゼロベース	フレームワーク	オプション	ロジックツリー	マトリックス	プロセス	
STEP 1 変化を把握する	◎				△		思考法重視！目的が何かで把握すべき変化の指標も変わり得る。だからこそ、ゼロベースで枠組みを考え、いくつかの方向性を明確にするのだ！
STEP 2 仮説を設定する		◎			○		思考法を用いて、相手（市場・顧客）の立場からビジネスを構造化し、差別的優位性＝特徴づけを仮説にしてまとめる！
STEP 3 情報を収集&分析する		△			◎		情報収集&分析の結果を体系化し、相関化＝位置づけを行い、ものごとの動きや流れを「ツール」で押さえるのだ！
STEP 4 仮説を実行・精緻化・修正する		○			◎		実行しながら「ツール」を使い、仮説を精緻化する。次の仮説検証に向けて「思考法」を駆使する！

変化の把握と仮説設定では「思考法」、情報収集&分析と仮説実行に向けて「ツール」を重視する！

要になるからだ。

大きく見ると、変化の把握〜仮説〜実践の流れに応じて思考法、ツールとその重点が移っていくのがわかるはずだ(図4-1)。

③ 思考法とツールで会議をツヨクする

では、ここで会議体系と「3つの思考法」「3つのツール」の関係性を整理しよう。

伝達会議、調整会議はやめる、もしくは減らす。代わりに問題解決会議・決定会議を増やす。機能区分で見た対応法だ。この問題解決会議・決定会議こそが企業の付加価値を高めるための"戦略会議"だ。

この会議は検討のフェーズにより、大きく2つに分かれる。「戦略をつくるための枠組みを考える」「方向づけ〜特徴づけのためのプランニングをする」。この2つのフェーズが「3つの思考法」「3つのツール」の2ジャンルと重なるのだ(図4-2)。

[3つの思考法]

ゼロベースで枠組み(フレームワーク)を考える。その上でおおまかな選択肢(オプション)を定めて、1つに絞る。これが3つの思考法だ。この思考法自体、可能性を拡げるためのものだから、会議のタイプとして

4-2 会議体系とロジカルシンキングのポイント

		会議のタイプ	ポイント
3つの思考法	ゼロベース思考	**テーマ探索や新規事業の可能性チェック** ●R&Dテーマ探索、市場探索 ●技術ロードマップ、商品ロードマップ、事業ロードマップなど	●従来の発想(慣習・固定観念)を打ち破るためのゼロベース思考重視 ●市場定義、顧客定義、事業定義など「定義」の見直しも有効
	フレームワーク思考	^	^
	オプション思考	^	^
3つのツール	ロジックツリー	**推進計画〜展開プランの立案** ●市場戦略、顧客戦略、マーケティング戦略など ●中期経営計画、単年度計画 ●各種実行計画など	●「コンセプト=差別的優位性」にこだわる ●施策の「体系化」と施策間の「相関化」を重視する ●できるだけ個別具体的施策へのブレイクダウンと売上・利益、投資などの数値化がポイント
	マトリックス	^	^
	プロセス	^	^

各々のロジカルシンキングのジャンルは別々に使うものではない。会議のタイプや検討テーマ、議論の流れに応じて自在に使いこなせるようにスキルアップが必要だ。

はテーマ探索や新規事業などの可能性をチェックするための会議で効果を発揮する。

　具体的には、ニュービジネスのテーマ探索や、R＆D（調査＆開発）テーマ探索、市場探索や、技術ロードマップ、商品ロードマップ、事業ロードマップなどがある。

　現実の会議において最大のポイントになるのが、**ゼロベース思考**だ。ダメなのが、従来の発想を引きずっているケースだ。市場の見方、事業の考え方、顧客のとらえ方の枠組みを議論することなく、検討を進める。そうすると可能性の拡がりのない、従来と同じプランができあがる。市場定義、顧客定義、事業定義など根本の規定となる「定義」を見直す必要がある。

［3つのツール］

　3つの思考法で戦略の方向性が明らかになった。では、どのように展開するのかのプランニングが必要になる。やるべき施策を体系化する、施策間の関係性を相関化し、施策の流れ・ものごとの動きをまとめる。計画立案会議などは3つのツールを用いる。

　ロジックツリー、マトリックス、プロセス各々の具体性がポイントになる。できる限り、個別具体的な施策名や施策に関わる売上や利益、リスクなど、数値化できるものは数字を使って検討する必要がある。

では、以上のポイントを押さえて、これから紹介する会議のケースを見ていただこう。本来は、どれか1つだけを用いて会議を行うものではない。テーマやシーンに応じて自在に使いこなす必要があるが、ここでは、理解しやすいように、「3つの思考法」「3つのツール」別に会議シーンを分けて紹介する。
　ポイントのうち、どこができていて、どこができていなかったかを各ケースの図でおさらいしているので、皆さんにもチェックしていただこう。

②「思考法」活用で、成果が違う

①「3つの思考法」なしの会議

　あなたは、東海道新幹線車内販売を行っている会社に勤めている。東京〜新大阪間の「のぞみ号」の販売促進を企画するチームのサブリーダー。3年先輩のリーダーが月例の販促会議を主催しているが、彼がリーダーになってから低迷する車内販売にいっこうに歯止めがかからない。会議の流れはだいたい、いつも次のようなもの。

　では、サブリーダーとしてあなたはどのような会議指導が必要かを、3つの思考法をベースに考えてみよう！

リーダー「今期に入って5カ月連続の前年度割れだ。これ以上、マイナス記録は更新できない。現場の方からも『企画は何をやってるんだ！』との声が大きくなっている。次の四半期に向けて抜本的な解決策をこの会議で打ち出す必要がある。重要な会議だ。そのつもりで……。では、宿題にしていた販売不振の原因

とその解決策を発表してもらおう」
部員Ａ「世の中、不景気。加えて、新幹線の車内販売は割高というイメージがあってダブルパンチで効いてるんじゃないでしょうか？」
部員Ｂ「ええ、お客さんは食事を済ませてから乗車するんじゃないですか？　まして、早く着くのぞみ号は、駅弁買って旅の情緒を味わおうという気にはならないでしょう」
部員Ａ「そうです。『のぞみ＝快適な旅、おいしいものを味わいましょう！』といったプロモーションが必要なんです。価格面でのマイナスイメージを払拭するためにも、お客さんから見たベネフィットを訴求するイメージ広告を出しましょうよ！　癒し系の女性タレントなんかいいでしょうね」
部員Ｃ「いや、もっと食のトレンドを考えた方がいいんじゃないかな？　外食は低価格志向。伸びているのは惣菜などの小口パックになった中食だ。定番メニューの低価格化と中食のバリエーションによるメニュー拡大が大事ですよ。そう思いませんか？　リーダー」
リーダー「メニューをのぞみ号に乗るお客さんの視点から見直した方が、広告戦略よりは効果が上がりそうだな。サブリーダーのＤ君はどう思

うかね？」
部員Ｄ「のぞみ号には、さまざまなお客さんが乗車されています。すべてのお客さんをターゲットとせず、どこかに重点を置いて取り組んだ方が効果は上がると思います。そこで、グリーン車に乗っているお客さんを囲い込む、深掘りするというのはどうでしょうか？　おそらく所得も高く、価格に対する合理性も高いはずです。お金を払ってくれそうなお客さんにわが社のファンになってもらう。もっと大事にするといったマーケティングです」
リーダー「グリーン車に乗っている人が何を求めているのか？　ベースになるものがないが、どうする？」
部員Ｄ「まずは、リサーチからです。グリーン車でアンケートを行い、回答してくれた方にはコーヒーかお茶をその場でサービスする。ファンづくりと調査の一石二鳥です」
部員Ｃ「それもいいけど……。現場も、ブーブー言ってるだけじゃなく、もっとがんばってもらう必要はないですか？　現に、山陽新幹線やＪＲ東日本では、成績によって報奨金が出たり、歩合制を取っているようです。だから、みんな販売熱心なんですよ」

リーダー「現場に対する問題意識はないわけではないが、人事制度を変えるなど、すぐにできる問題ではない。第三・四半期はメニューの再構築。これはお客さんすべてを意識した施策だ。もう一本が、グリーン車ターゲット戦略。この二本立てで行こう。では、D君はすぐ調査の準備に入るように」

あなたが、リーダーであればどのような進行を心がけただろうか？　改善ポイントはどのようなところにあったのか？　3つの思考法を用いて検討してみよう！

②「3つの思考法」活用の会議

いきなりの演習で、どうだったろう？　サブリーダーのあなたは相当ストレスを感じたはずだ。お疲れ様。3つの思考法なしという前提だから、ベネフィット、トレンド、ターゲットなど、もっともらしい言葉は羅列されるが、表面的で、問題の本質に迫っていないし、本当に打つべき手が現状のキチンとした把握から出てきているとは思えない。

では、正解編を紹介しよう。実は、これには元ネタがある。日本テレビの『スーパーテレビ／新幹線の

旅』のコーナーの1つだ。先のダメ会議はまったくのフィクション。これからの例は「おっ！　なかなかやるな」といった実際の成功のエッセンスを柱にしているが、基本的にはフィクションと考えていただきたい。

　今度は、あなたがリーダー。もちろん、3つの思考法を駆使している。

リーダー「では、宿題となっていた販売不振の原因とその解決策を発表してもらおう」
部員A「世の中、不景気。加えて新幹線の車内販売は割高というイメージがあってダブルパンチで効いてるんじゃないでしょうか？」
部員B「ええ、お客さんは食事を済ませてから乗車するんじゃないですか？　まして、早く着くのぞみ号は、駅弁買って旅の情緒を味わおうという気にはならないでしょう」
リーダー「そうそう。先月もそういう意見があったので、D君に全車両の持ち込み状況を、アルバイトを使ってチェックしてもらったが、結果はどうだった？」
部員D「実は、乗車されているお客さんのうち67％、7割の人が持ち込みです」
リーダー「持ち込みの状況だけでなく、いろいろなテ

　　　　ーマで傾向や特徴を分析するよう言っておい
　　　　たはずだが……？」**(ゼロベース思考)**
部員D「大きな差は禁煙車と喫煙車です。全車両中4
　　　　〜5両（当時）を占める喫煙車では缶コーヒー
　　　　の持ち込みが多く、禁煙車ではペットボトルの
　　　　お茶が多くなってます。各々3割以上の差です
　　　　から相当顕著です」**(フレームワーク思考)**
リーダー「では、なぜそうなっていると思う？　そこ
　　　　から言えること、我々がやるべきことの選択
　　　　肢を出したいんだが？」**(オプション思考)**
部員C「タバコを吸うかどうかの違いでしょう。お茶
　　　　とタバコは合いませんから。喫煙車は缶コーヒ
　　　　ー重視、禁煙車はペットボトル重視の販売方法
　　　　がいいのではないでしょうか！」**(オプション思考)**
リーダー「今回は、上からも仮説を重視した販促を行
　　　　うよう言われている。結果オーライでなく、
　　　　仮説が検証できること、売れるメカニズムが
　　　　わかる成功が求められているんだ。タバコを
　　　　吸うかどうかはもっともだが、仮説が感じら
　　　　れない。もっと根本から考えていいんじゃな
　　　　いか。D君の仮説は？」**(ゼロベース思考)**
部員D「お客さんからの視点や、現実のシーンを考え
　　　　た仮説が必要になると思います。私も愛煙家な

んですが、新幹線に乗ってワゴン販売が来るのは、だいたい10分ぐらい過ぎてからです。車両が込んでいる時には、10分どころじゃない。30分かかる時もある。『さあ、乗車した。まず一服しよう』という時にコーヒーが欲しいけど、コーヒーはなし。無意識に缶コーヒーを買って乗り込むのが習慣になってますね」(**ゼロベース思考＆フレームワーク思考**)

リーダー「そうだよ！　仮説は『欲しい時に欲しいものがあること』。タバコを吸う人は、吸いたい時に、ドリップ式コーヒーの香りを楽しみながらの一服を望んでいるんだ。しかし、ワゴン販売がその妨げになっている。

　　　　やるべきことは、タバコを吸わない人にペットボトルのお茶を売ることでも、淹れたてのコーヒーを売ることでもない。ましてや、タバコを吸う人に缶コーヒーを売ることでもないんだ。要は、コーヒーをトレイに載せれば通路を身軽に動ける。トレイ販売で喫煙車両を何度か往復する。発車して時間が経ってからでは遅い。お客さんが乗り込みはじめたころからやる。これがポイントなんだ！

　　　　いくつかの選択肢をさらに絞り込み、選択肢の長所・短所を考え、優先順位を加えて、

4-3 3つの思考法を使っていないミーティングと使ったミーティング

	3つの思考法を使っていないミーティング	3つの思考法を使ったミーティング	会議におけるチェックポイント
①ゼロベース思考	●世の中、不景気+車内販売は高い ●お客さまは食事を済ませてから乗車する ●のぞみでは旅の情緒は味わえない 固定観念・決めつけが多く、現象の掘り下げが不十分!	●販売不振の原因を解明しよう ●全車両の持ち込み状況をチェック ●いろいろなテーマで傾向を分析しよう 「現場で現実に起こっていることは何か?」を解明しようというスタンスがゼロベースだ!	◆現実を知ろう ◆現場を見よう ◆現物に触れよう ◆市場に行こう ◆顧客の生の声を聞こう
②フレームワーク思考	●のぞみ=快適な旅 →おいしいものを味わいましょう ●食のトレンドを考えたメニューが必要 短絡的かつ安易な枠組みの設定で、実態(相手の立場)に迫っていない!	●禁煙車と喫煙車とで持ち込む物が異なっている ●タバコを吸いたい時にコーヒーを売っていない 顧客の視点・現実のシーンを踏まえたフレームワークで実態(相手の立場)に迫っている!	◆全体像を考えよう ◆広がりを押さえよう ◆整理する切り口を考えよう ◆最適な切り口でものごとを体系化しよう

4-4 3つの思考法を使っていないミーティングと使ったミーティング

	3つの思考法を使っていないミーティング	3つの思考法を使ったミーティング	会議におけるチェックポイント
③オプション思考	●グリーン車の顧客をターゲットにしよう! ●まずは、アンケートだ! ●報奨金・歩合制を導入しよう!	●禁煙車でなく喫煙車の愛煙家をターゲットにしよう! ●ワゴンではなくトレイを使おう! ●顧客が乗車をはじめたころから実施しよう!	◆360度の視野で考えよう ◆取り得る打つ手をすべてリストアップしよう ◆最適な打つ手を1つ選ぼう
	取り得る選択肢にオプションが欠落している!	いくつかある打つ手から合理的かつ客観的に最もよい打つ手を選んでいる!	

会議においてメンバーをリードするためには、「なぜ、その方向性がいいのか?」を説明できること。つまりリーダーシップの根底には、強く深い思考力が求められる!

詳細を詰めていこうじゃないか！」(**フレームワーク思考＆オプション思考**)

　現象面をゼロベース、かつファクトベースで踏み込んで調査しているところがポイントだ。そして、車両ごとに持ち込みの状況がどのように異なるかのフレームワークもできている。最後が、成功へと導くためのオプション設定だ。結論はドリップ式コーヒー＆トレイ販売。お見事！

　では、テレビでの結果はどうだったろうか？　前月の販売実績と比較して74杯から95杯へとアップ。たかだかコーヒーと侮ってはいけない。そこにメカニズムが解明されていることが大事なのだ（図4-3、4-4）。

3 「ツール」を使いこなす、ホワイトボードの魔術師

① ファシリテート・スキル

　ホワイトボードをよく使う企業は、ロジカルシンキングが自然にできている企業だ。ホワイトボードは、議論を論理化する。ミーティングをビジュアルにわかりやすく展開させる。

　そうなれば、自然に、「**ロジックツリー**」「**マトリックス**」「**プロセス**」は、ホワイトボードに描かれるようになっている。リーダーたるもの、ミーティングのファシリテーター（達人）たるもの、ホワイトボードにがんがん描けなくてはいけない！

　議論の整理、論点の収斂（しゅうれん）、進行の効率化は、ホワイトボードにあり。たとえホワイトボードを使わなくとも、できるリーダー、できるファシリテーターは、バーチャル・ホワイトボードをもっている。つまり、話をしている、進行をしている背景が、くっきりと参画者の頭の中に浮かび上がっているものなのだ。このようなホワイトボード大好きな「ホワイトボードの魔術師」は、**ロジックツリー**、**マトリックス**、**プロセス**が大好きなはずだ。

リーダーには、高いコミュニケーション能力が求められる。
　コーチング・スキル、モチベート・スキル、カウンセリング・スキル、パブリックスピーチ・スキルなどの高度な対人スキル。ファシリテート・スキルも、その1つと考えていい。会議を目的に向かって最も「プロダクティブ（効率的で高質的）」に運営していくスキルだ。
「プロダクティブ」には、当然クリエイティブも含まれる。新しい挑戦やアイデア抜きに、真に「プロダクティブ」にはなれない。いい会議は、「生産性（効率性）」と「創造性（付加価値）」の二者択一ではなく、2つがぶつかり合い融合していくプロセスだ。
　もともと、ファシリテートとは「〜を容易にする」という意味。会議におけるファシリテートは、参加者全員が会議の目標達成に向かって容易に意見を出し合い、場が真剣に進むように方向づけることだ。
　さて、会議に必要な役割には、何があるか？
　司会・議長・記録係（タイムキーパー、板書、ＰＣ入力、撮影、録音）・参加者・メンター・アドバイザー・アセッサーなど。そして、ファシリテーターという役割。「どの役割が必要か」は、会議の大きさや目的によって変わる（図4-5、4-6）。しかし、どんなに小さな会議であれ、招集をかける主催者側と招集された参

4-5 会議における役割

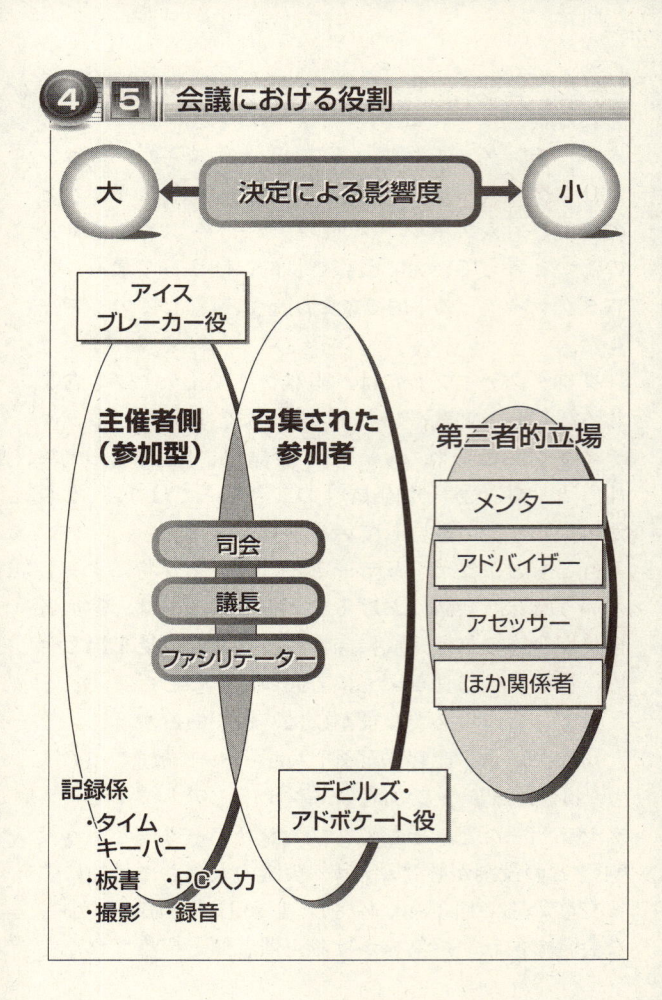

大 ← 決定による影響度 → 小

- アイスブレーカー役
- **主催者側（参加型）**
- **召集された参加者**
- 第三者的立場
  - メンター
  - アドバイザー
  - アセッサー
  - ほか関係者
- 司会
- 議長
- ファシリテーター
- デビルズ・アドボケート役
- 記録係
  - ・タイムキーパー
  - ・板書　・PC入力
  - ・撮影　・録音

4-6 ファシリテート・スキル

ファシリテート・スキル	スキルの具体例	活用シーン
1.一人一人のコミットを深める	*賛成か反対か、挙手してもらう *必ず名前で呼ぶ *目的と各自の関係を確認する	・プロジェクトのはじまり ・プロジェクトの最終段階(今後の活動への責任)
2.質問で深め、引き出す	*「なぜ賛成か(反対か)」の理由を発言してもらう *質問があったら、参加者同士で答え合うようにする	・場がだれてきた時 ・発言者が限定している時 ・1つの方向に流れている時
3.相反するものを融合昇華する	*目的へ向かった共通する思いを繰り返す *共通の問題意識を探る	・感情的な発言が続いた時 ・議論がまったく平行線の時 ・コンセンサスの構築が必須の時
4.場のレベルを一定化する	*間をとる。誰か発言するまで沈黙し続ける *データ・情報を提供する	・能力、問題意識、情報量に違いが明らかな時 ・感情の高ぶりがある時

いいリーダーには、皆の力を引き出すファシリテート力がある。一人一人が「参画した」と思える場をつくろう。

加者の2つは存在する。

　会議のファシリテート役は、会議のテーマに対して中立的な立場の人が適役だ。この意味で、外部のコンサルタントが務める場合もある。議長や司会が中立的な立場であれば、ファシリテート役を務める場合もある。

　さて、今日の会議を思い出してみよう。次のような人はいなかっただろうか。
　＊参加者→何でも反対主義／無責任男（女）／分析屋／盛り上げ男（女）／しらけ派
　＊議長→独断型／オタク型／ばら撒き型／やりっ放し型／すり替え型

たいがい、一人や二人はいるものだし、多様性は認め合うべきだ。かえって、本質を見極めるためのいいチャンスをつくってくれたりする。ただし、ファシリテート役がいないと、成果にはほど遠い状態で終了する確率が高い。

　結果として、時間稼ぎの無責任遺伝子が活性化。こんな会議を撲滅するために、ファシリテート・スキル。一人一人の主体性を引き出し、チームとして最大限の生産性をあげるためのチャレンジ。難しい会議をブレイクスルーさせて、自信に変えていこう。

　例えば、消しゴムを使わない！　と決める。1回1回、真剣勝負。これもコミットメントだ。

迷わない、悩まない、書き直さない。いい出来かどうかは関係ない。ともかく、迷わないことだ。そして、自分のアウトプットに責任をもつ。いいも悪いも、そこから学ぶ。

　企画書や報告書を書く時も、会議で議論をホワイトボードにまとめる時も、消しゴムがないから、ストラクチャー（構造化）が強く求められる。

　やり直しがきかない。だから、はじめから全体像をしっかり押さえなくてはならない。要素もモレなく押さえないと、あとで入りきらなくなる。アバウトでは、のちのちしっぺ返しを食らう。

　はじめはうまくいかない。失敗して学ぶ。「次こそは」とトライする。この精進を重ねると、ホワイトボードを使って、人前で議論をまとめる時に成果が表れる。

　自分の席を立ち、ホワイトボードのところに行く。そして、ゆっくりとホワイトボード用のマジックを一本握る。一瞬、間をおく。で、一気に議論を整理する内容を構造化する。待ったなし！　真剣勝負！　１秒１秒に緊張感が満ち満ち、マジックのキャップを開けた瞬間に左脳と右脳の機能をフル活用させ、すでに頭の中では構造図ができていなければならないのだ。消しゴムなしの瞬間をつくるのだ。

　使い捨て生活に慣れてしまうと、考えないで行動す

るクセがつく。どうせやり直しができる、ということは、いつも真剣になれない、ということ。ビールのような人生になる。「とりあえず」「勢いだけで」「泡と消える」のだ。

ありがたいことに、使い捨ても書き直しも簡単にできる便利な時代だからこそ、あえて消しゴムに頼らない習慣をつけないといけない。

消しゴムを使わない人。ホワイトボードにいきなりまとめ出す人。「見抜く力」がある人。効率的にサクサクと交通整理できてしまう人。こういう人に、みんななりたい。

② 議論は情報を「見える化」して意思決定

J社ワークアウトの実施の時によく思ったことだが、「なんで、こんなに変数が多いのにばらばらに喋るのかな？ 聴いている方は、全然わからんだろうな？」「なんで、整理して話をしないのだろう？」「軸という発想は、出てこないのかな？」「気持ち悪くないのかな。こんな流れで？」……。

プレゼンテーションの最中に、気の短い役員は、「で、何？ あなたは、何を言いたいの？」「現象？ 結果？ 理由？ 方針？ 方策？？？？」という一撃を加えることがよくある。

部長であっても、構造化ができないのだ。「なんでBが１番で、Cが２番なの？　なんで、Aが５番なの？」。それは、ただ、順番に……。「で、順番の基軸は？　順番の基準は？」。そして、モジモジして「ただ、意味はそれほどないです……」となる。何かをグラフや表にする、何かを文章に書く、何かを表現する時は、その順番は？　その基軸は？　その重要度は？を無視してはならない。

　文章を書く時、何かを話す時、そこに、順序がなければ、聴いている方は理解しにくくなる。整理されていない、ヒエラルキーがない、優先順位がない、ポイントが曖昧……、これらはみな、ストラクチャー（構造化）がなされていないのだ。

　ピラミッドで整理されたマズローの５段階欲求説、階段のフェーズで整理された日本における戦後の生活者の価値観の変化、経営の重要な要素からブレイクダウンさせたビジネス・ヒエラルキーなどは、ストラクチャーという基盤スキルの典型である。

　「君たちが、今、それぞれ述べた意見は、このようなヒエラルキーに整理できると思うが、どうかな？」とその場で、ホワイトボードに書けるマネジメント層であって欲しい。

　言っているようで何も言っていない。決めたようで何も決まっていない。わかったようで何もわかってい

ない。こんな禅問答コミュニケーションが、普通に成立する会議。

いいディスカッションのためには、参加者各自がデータに基づいた自分なりの意見をもってきていないと、浅い議論で終わってしまう。また、建設的・前向きなディスカッションのために、フリップチャートやホワイトボードやPCといった、みんなが情報を共有するためのツールが重要だ。

この時、ゼッタイに気をつけるべきは字の大きさ。汚い字でも結構！　ともかく、後ろの人にも読める大きさの字で書くこと。ちまちました弱々しい文字は、場のダイナミズムを奪う。

一人一人の緊張感を持続させ、コミュニケーションを活性化させるには、一方通行はもちろんのこと、双方向でもまだ足りない。三人以上がシナジーを出し合う場を仕掛けていくことだ。若手には会議の内容でわからないこともあるはず。わからない言葉や流れがないか、確認してみよう。もしもあるなら、それを中堅の参加者に答えさせる。もし、「質問がない」と言ったら、ほかの疑問者からの質問に答えてもらおう。

そして、「今の答えの点数を聞いてみましょう。100点の人！」というように、5段階で手を挙げてもらう。全員が自分で判断するように仕向ける。どの点数で手を挙げたにしても「それはなぜですか？」と確認しよ

う。ともかく、一部の人間が話している、考えている、というムードを排除する。常に全員参画型の緊張コミュニケーションがキープされるよう、全体を見渡していることが大切だ。

　欧米では、全員が賛成したら誰か一人が「デビルズ・アドボケート」という役を買って出る。「悪（反対意見）の提唱者」という意味だ。みんなが賛成というのは、何かおかしいのでは？　何か見落としているのでは？　ムードに流されてはいないか？　本当か？ということを検証していくための重要な役割だ。

　ディベートで鍛えられている人でないと、自分の意見と反対の立場に身を置くことはなかなか難しい。純粋に論理を組み立てる思考力が必要だ。これができるようになると、その人の意見と行為を分けて捉えることができるようになる。平均的日本人は、この点が苦手だ。

　イヤなことを言ったり、悪いことをした「その人」を嫌うのではなく、彼が「言ったこと」はイヤなことだった、彼が「いついつしたこと」は悪いことだ、というように、その人間と切り離せるという視点。人間はいつでも変わるのだから、「彼は（ずっと）こういう人だ」とレッテルを貼るのは、判断を誤る可能性が高い。

　多様性を認めなければ生きていけない欧米各国と、

似たもの同士で平和に暮らしてきた日本。根は深い。しかし、議論も討論も避けるべきことではない！　いや、いい会議では避けて通れないものだ！　ということを会議のルールとし、壁に貼っておくといい。ファシリテート役がけしかける。「ルールだから、あえてやっているんだ」という強制力もはじめは必要だろう。そして、それをマネジメントの正の遺伝子として当たり前にしていって欲しい。

③ ヒドイ会議を自主トレの場にする

「わかりやすさ！」のためには、本質を読み取り、伝える力が必要だ。琴線(きんせん)に触れる。そのためには、徹底的に正直でいることだ。ごまかしがない。裏もない。率直でストレートなコミュニケーション。かつ、相手の立場に立つこと、つまり客体化。これらのコミットメント・スキルがまず求められる。

　1対1でも、会議の場でも、大人数を相手にするセミナーのような場でも、常に「何が正しいか」を自問し続けていると、正しいものが見えてきたり、突然降ってきたりするものだ。これが直観だ。

　直観とかひらめきには、2種類ある。口から出まかせの行き当たりバッタリなものと、常に考えているからこそ降ってくるもの。降ってくる本物の直観を得る

ためには、ともかく考え抜いていること。エッセンス・コミュニケーションは、考えているからこそ読み取れるのだ。「何が本質か？」を問い続けよう。

簡単なトレーニング方法がある。これは、HRインスティテュートの若手コンサルタントの登竜門だ。どんな会議でも、PCでその場で議事録をとる。「何だ、メモ取りか」と侮ってはいけない。この議事録だけで、能力がわかる。エッセンス・コミュニケーションができるかどうか、一目瞭然だ。

文章力やキーボードのインプット能力を言っているのではない。聞き取る力、読み取る力、スピード、まとめる力、集中力、パラレルに2つ以上のタスクをこなすバランス力、アンテナ力、見切り力、瞬時に判断する力、ファインディング力。

ここまでは、ミーティング中に必要な主な能力。そして、会議が終盤になったら、読み手への気遣い＆思いやり。書類の用途＆読まれるシーンのイメージ化、レイアウトセンス、言葉のセンス、キーワード抽出力、優先順位化……の視点で全体を見直し、手を加え、会議が終わる時には、出席者全員にその場でメールを送信している。

「今、スクリーンにあるこのディスカッション・メモは、お席に戻りましたら、メールにてご確認ください」

第4章◎ロジカルシンキングで会議を進化させる

これまで、ホワイトボードに戦略討議の内容を書き出していたかもしれないが、それを皆でディスプレイをとおして、瞬時に整理していくのだ。スクリーン・ホワイトボードとでも呼ぼうか。

　会議の中での本質的発言や気づきは、瞬時に色づけをする。あるテーマが一段落ついたら、重要事項に優先順位をつけて、その場でマトリックスをつくり、見やすくする。エクセルでなら、発言セルから重要ワードをコピーして色づけして、文字のポイント（大きさ）を変えて強調する。

　これを瞬時に画面上で行う。みんなが共有できる。見やすい。加工しやすい。議論が闊達になる。ダイナミズムが生まれる。ただし、うまい人の場合である。

　まず。瞬時に判断していくこと。ずっと耳と目はアンテナ役になっていること。頭の中をパラレルに整理していること。重要度・優先順位を意識していること。これだ！　というキーワードを中心に組み立てることができないと、恥をかくだけだ。

　ビギナーは、いきなりみんなの前で討議内容をスクリーンに映すのはやめよう。会議の終わりのメール送信もやめておこう。先輩にチェックしてもらってからだ。自分の文章も発言も、自分から外に発するものはすべて、自分を映していると肝に銘じよう。

　これに合格しなければ、プロジェクトのメインを任

せるわけにはいかない。

　ほかにも、日常シーンでのエッセンス・コミュニケーション実践のヒントを、図4-7〜4-10にまとめたので、日頃の自分のコミュニケーションに取り入れて欲しい。

4-7 エッセンス・コミュニケーション実践のヒント

相手の言葉を使う。相手に気づかせる。確認する。主体性を引き出す。共通の目的・志にいつも戻す。"今&この場"に集中させる。能動的でない人には、それを気づかせる。わからないことは質問する。相手の感情と知性を区別する。相手を関わらせる。発言を受ける。受け止める。促す。振る。広げる。深める。代替案を提示する。定義を確認する。核心をつく。本音を引き出す。自分の感情を正直に伝える。

アクション ← 行動（質問・発言） → **マインド**
　　　　　　　　　意識・態度

自分をリラックスさせる。呼吸はゆっくり深く。肩の力を抜いて、おなかに意識集中。腹式呼吸。自我から離れる。自分の状態をつかむ。相手の状態をつかむ。場を読む。場の構成員としての自分を意識する。言外のメッセージをとらえる。自分の感情の動きを正直にとらえる。全体を見る。部分にとらわれない。相手をしっかり見る。目で読む。目で伝える。沈黙を恐れない。沈黙から読み取る。直観（降ってくるメッセージ）に敏感でいる。体の一部を無意識に動かすことはゼッタイにしない。

4-8 エッセンス・コミュニケーション実践のヒント

議事録メモの達人になる!

会議のはじまり〜議論中

*ともかく話しているスピードで入力する
*聞きながらエッセンスを抽出し見やすくする
*余計な言葉、ムダな発言はカット

1. エクセル(またはワード)のメモ用フォーマットを準備する
   - 出席者名、日時など必要項目をフォーマット化
2. 席順と名前の略記号を頭に入れる
   - 会社、所属でタテに大きく分割しておく手もある
3. 発言の順にエッセンスを入力していく
4. 議論の中心となるキーワードに色をつける
   - 重要ワードをコピーして別表とする
5. 重要ポイントが一覧できるようまとめる

会議の終盤

*皆のコンセンサスをとるべきことをまとめる

6. 必要であればチャート化・ビジュアル化する
7. 次回までの課題、今日のポイントをまとめる
   - 本日のポイントと次回への課題はメモの一番上へもっていく
8. その場で即、出席者と関係者にメールを送信する

集中していれば見えてくるものがある。
集中していると文字どおり、直観が降ってくる!

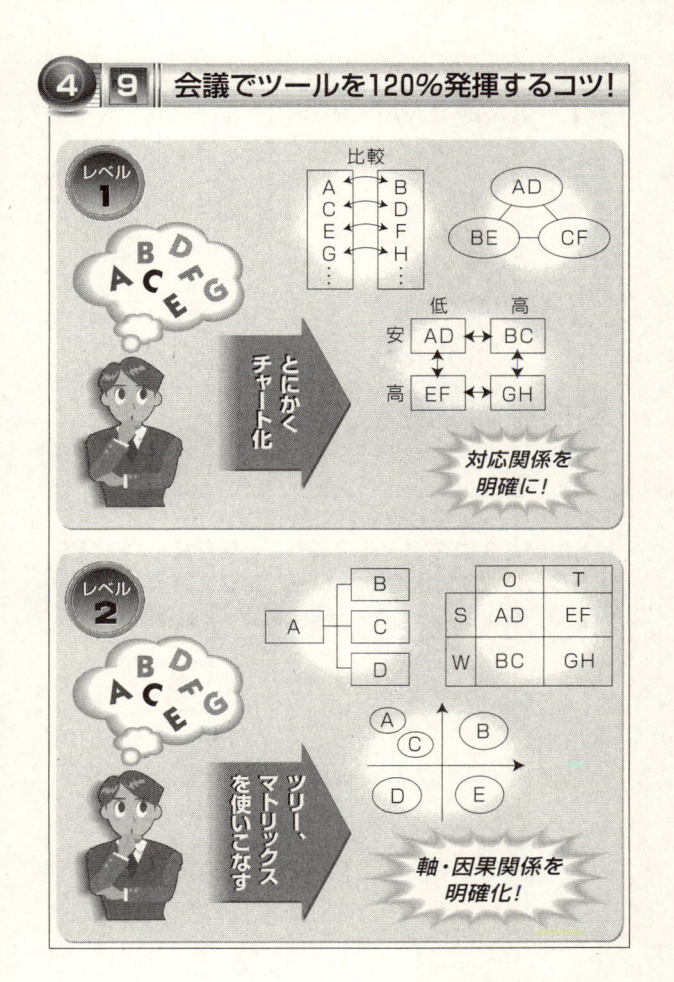

4-9 会議でツールを120％発揮するコツ！

レベル1

とにかくチャート化

対応関係を明確に！

レベル2

ツリー、マトリックスを使いこなす

軸・因果関係を明確化！

第4章◎ロジカルシンキングで会議を進化させる

4-10 会議をロジカルファシリテーションで効果のあるものに！

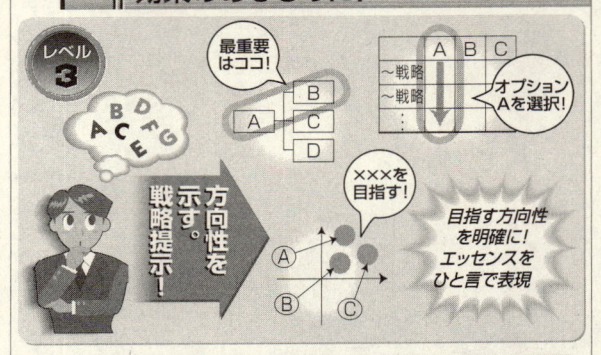

レベル 3

最重要はココ！

オプションAを選択！

×××を目指す！

目指す方向性を明確に！エッセンスをひと言で表現

方向性を示す。戦略提示！

時間のムダと感じる会議の時には、とにかく3つのツールを使うことを常に心がけること！ これが、いいトレーニングになる。

まとめ

ロジカルシンキングで会議を進化させよ

★3つのポイント★
1) 議論のフレームや軸がズレていることに気がついて整理する力をつけよう。
2) ファシリテーターとして、情報と意見を共有するために、ホワイトボードを使って「見える化」し、より価値を高める。
3) 会議の目的に合わせて、思考法とツールを組み合わせて使い、ロジカルシンキングのトレーニングの場としよう。

第5章

ロジカルシンキングを鍛えよう！

1 ちょっとやってみよう！ロジカルシンキング演習

① ポジショニングマップにアイデアを描こう

次の会議であなたならどんな運営をするだろうか？

シーン① 商品企画（創る）

【問題】ビジネスパーソン向けホテルの新しいコンセプトを検討中。団塊世代の部長は、

「ホテル業界のデータ資料や業界紙、それに既存の競合ホテルの動向や海外の人気ホテルの動向……。業界知識のないお前らメンバーのために、ここに資料を揃えておいたぞ」

「それじゃ、あとはよろしく。若手だけで議論して、いい案を考えておいてくれ。それこそ、若い柔らかな頭で頼むよ。期待しているからな。吉田、お前がリーダーな。来週の頭には『これだ！』と言える企画を頼むぞ」

と言うなり、23歳から32歳の5人のメンバーを残し、夜の街に飲みに出ていった。さて、あなたなら、この企画会議の運営をどう進めるだろう。

◎典型的なダメ解答

「そうだなあ。業界のことも何もわからないし、まず、ここにある資料とウェブ検索で、各自、明後日までに情報を仕入れておいてくれよ。少なくとも、議論できるレベルにはなっていないとね」
「明後日の夜のミーティングで、自分なりの新しいビジネスホテルのコンセプトと、その理由を発表してもらうから」
「出てきたメンバー五人のコンセプトを元に、そこでみんなでディスカッションして１つに絞り込んでいこう。集めた資料ももってきてくれよな。いいか？」
「じゃ、みんなよろしく」

◎考え方と解答例

　これまた、ありがちなステップではないだろうか。だが、この進め方で、本当に新しいビジネスホテルのコンセプトが生まれてくる感じがするだろうか？

　おそらく、従来の延長線上、いい線いったとして、海外の成功ホテルのパクリが関の山。ほとんど、その程度のアイデア止まりになるのではないか。

　無から何かを創る、何かを生み出す、というのは、一番頭を鍛える作業だ。だが、天才のひらめきは、凡人の思いつきとは似て非なるもの。天才のひらめきは、考えて考えて考え抜いた末に"天から降ってくる

プレゼント"。しかし、われら凡人の場合は、そこまで考え抜いたりしないし、できない。ほかのことに気をとられ、集中力が続かないのだ。

とはいえ、ここは頭を鍛える絶好のチャンス！　ロジカルシンキングを駆使して、部長の期待を上回る企画を考え出そう。

①知識をリセットして白紙になろう！

必要なのは、「ゼロベース思考法」だ。自分を一人のユーザ、つまりお客と仮定してみる。どんなビジネスホテルがあったら嬉しいだろうか？　泊まりたいだろうか？　そもそもホテルに何を求めているのだろう？　それはどんなシーンなのだろうか？　出張って何？　誰と行くもの？　そこで何をする？

何か新しい価値を創る時に必要なことは、知識よりも本質だ。では、本質はどこにあるのか。「答えは必ず自分の中にある」。そう、左脳より右脳を使うのだ。

まず情報を頭に詰め込む前に、ゼロベースで考えてみる。カードＢＳ（ブレイン・ストーミング）法なら、いつでもどこでも簡単に実践できる。

そこで、「こんなビジネスホテルがあったら」という問いに対するアイデアを、各メンバーにありったけ書き出してもらう。1枚に1アイデア。およそ10分間をめどに、どんどん描いてもらう。質より量。あとはス

ピードが大事。ここは、短時間の集中力が勝負だ（図5-1）。

「ビジネスホテル」というお題だけで、続々とアイデアが出てくる人はいいのだが、ぴたっと筆が止まってしまう人は頭が固くなっている証拠。カードBSのルールは、タブーなし。基本的に、どんなアホらしいアイデアでもOKだ。頭の固い人は、図5-1のようにホテルの構成要素をフレームワークで分解し、その一

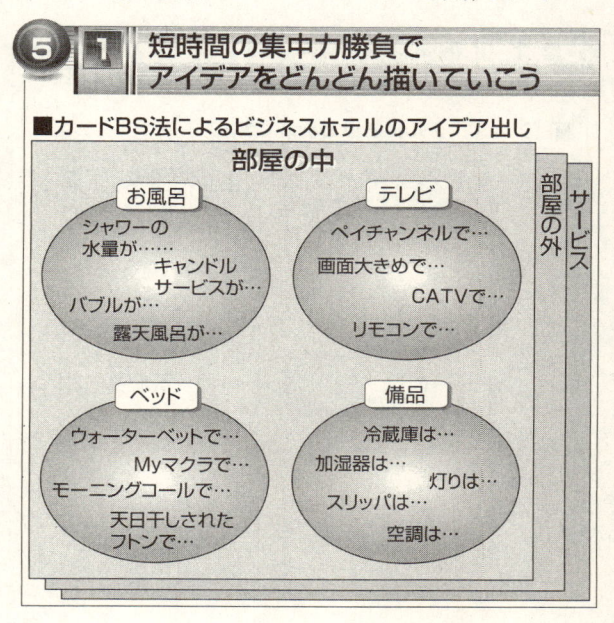

5-1 短時間の集中力勝負でアイデアをどんどん描いていこう

■カードBS法によるビジネスホテルのアイデア出し

部屋の中

- お風呂
  - シャワーの水量が……
  - キャンドルサービスが…
  - バブルが…
  - 露天風呂が…

- テレビ
  - ペイチャンネルで…
  - 画面大きめで…
  - CATVで…
  - リモコンで…

- ベッド
  - ウォーターベットで…
  - Myマクラで…
  - モーニングコールで…
  - 天日干しされたフトンで…

- 備品
  - 冷蔵庫は…
  - 加湿器は…
  - 灯りは…
  - スリッパは…
  - 空調は…

部屋の外

サービス

第5章◎ロジカルシンキングを鍛えよう！　225

つ一つにおいて、思いついたことを書き出していくのも手だ。こうすれば煮詰まらない。

この段階では、オプション発想はまだ早い。もっと自由に、もっと発想を広げ、自分の考えを制限したり絞ったりせずにどんどんアイデアを生み出すことに集中しよう。

この手法は、新規企画の対象が、コイルであれ、センサーであれ、あるいは医薬品であれ、それぞれの商

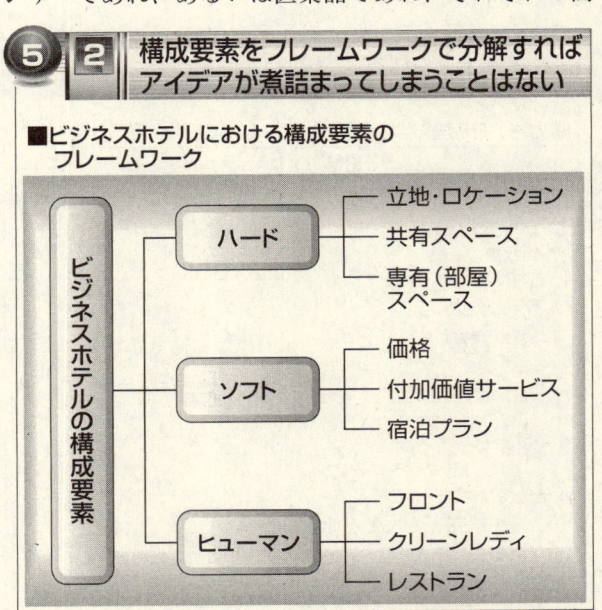

5-2 構成要素をフレームワークで分解すればアイデアが煮詰まってしまうことはない

■ビジネスホテルにおける構成要素のフレームワーク

ビジネスホテルの構成要素
- ハード
  - 立地・ロケーション
  - 共有スペース
  - 専有(部屋)スペース
- ソフト
  - 価格
  - 付加価値サービス
  - 宿泊プラン
- ヒューマン
  - フロント
  - クリーンレディ
  - レストラン

品や事業における構成要素を考えていけば、ビジネスホテルと同様に展開できる。

②アイデアをポジショニングする！

おおよそ書き上げたら、一人一人がそのアイデアを読み上げて、順番にホワイトボードか模造紙に描かれた「ポジショニングマップ」に貼っていく。ほかの人のアイデアを聞いて触発され、新しいアイデアが生ま

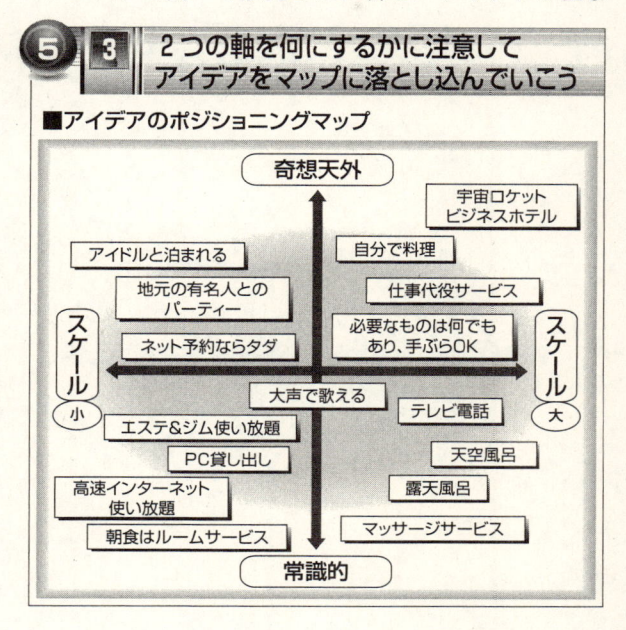

5-3 2つの軸を何にするかに注意してアイデアをマップに落とし込んでいこう

■アイデアのポジショニングマップ

奇想天外／常識的を縦軸、スケール小／スケール大を横軸としたマップ。

- 奇想天外・スケール小：アイドルと泊まれる／地元の有名人とのパーティー／ネット予約ならタダ
- 奇想天外・スケール大：宇宙ロケットビジネスホテル／自分で料理／仕事代役サービス／必要なものは何でもあり、手ぶらOK
- 常識的寄り（中央）：大声で歌える／テレビ電話
- 常識的・スケール小：エステ&ジム使い放題／PC貸し出し／高速インターネット使い放題／朝食はルームサービス
- 常識的・スケール大：天空風呂／露天風呂／マッサージサービス

れたら、またカードに書こう。同じアイデアが読み上げられたら、カードを握りつぶす。その際、どんなポジショニングマップにするかが大切だ。2軸は何にするのか。どんな軸を考えつくか。

② 相手の話をフレームワークで整理しよう

次のシーンであなたならどんな答えを出すだろうか？

シーン② 営業訪問（聴く）

【問題】広告代理店マンの営業訪問。知人の紹介で初めて会った担当課長は、かなりの話好き。次から次へと話が続いた。

A 「そうそう、このごろのB社の動向を知っているかい？聞いたところによると、バイオ分野に取り組み出すらしいのだが」

B 「うちの元大口顧客でも当社より20％高くてもS社がいい、という会社があったよ」

C 「うちは物流の問題がネックなんだよ」

D 「ここ3年は、顧客向けセミナーが、新規開拓に一番有効だったと思う」

E 「結局、うちの商品がエンドユーザ（消費者）にどう使われているか、つかめていなくてね」

F 「X社の商品カタログには、うちとの価格比較の説明があるんだよ。あんなの、ありかい？」

G 「外資のY社は、とうとう小売店を巻き込んだCRM（カスタマー・リレーションシップ・マネジメント）を仕掛けてきたよ」

H 「うちは、担当役員が替わったばかりなので、なんでも、営業管理体制を強化するんじゃないかと、社内で噂されているよ」

I 「S社の料金体系は、メンテナンスまで含めたトータル・サービスで出しているそうじゃないか」

さてあなたなら、この担当課長の話に、どう対応するだろう。

第5章◎ロジカルシンキングを鍛えよう！

◎典型的なダメ解答

「そうなんです。今、バイオがHOTなんですよ！今度、御社もバイオ商品だけの特集を仕掛けませんか！」
「プロモーションとしては、高品質で最低価格を訴求すべきですね」
「会員化して２カ月おきにセミナーを売っていくという企画、どうですか？」
「ＣＳ（顧客満足度）調査で、エンドユーザの声を拾いましょう」
「御社も、もっと自社の競争力を強調したカタログにリニューアルしましょう」
「うちもＣＲＭの企画は得意です！」
「営業プロセスを見直しませんか？ そういうコンサルティングもやれますよ」
……。

◎考え方と解答例

　何でもかんでも、場当たり的に、出たとこ勝負で提案するのは、果たしていかがなものか。これでは、いかにも「売らんかな」の姿勢がミエミエだ。とても、課題解決のパートナーとは言えない。
　ここはまず、ソリューション・パートナーになりきる。そう、「コミットメント」が大切なのだ。そして、

担当課長の話を整理し、仮説を組み立て、不足している情報は質問で引き出し、ロジカルに検証していく「**プロセス**」を踏んでいこう。

Q1 多くの情報を整理する時に、役に立つ思考法は何か？

Q2 その思考法の中で、スタンダードな分析ツールは？

情報を整理する際に役立つ思考法は、「**フレームワーク思考**」だった。あちこちに飛びがちな担当課長の話だが、全体像を押さえる分析フレームを当てはめて、話にモレやダブリやカタヨリがないか、チェックしてみる。モレがあったら、再度相手に質問して確認し、情報の穴を埋めてみよう。

実は、相手が自分で気づいていないところにこそ、案外、課題解決のヒントがあるかもしれないからだ。そこを気づかせてあげられれば、ソリューション・パートナーとして、あなたは一目置かれる存在になれる。

では次に、ビジネスを見る軸としてのスタンダードな分析フレームには、どんなものがあったか。

それには、「３Ｃ」「４Ｐ」「ＳＷＯＴ」「ＰＰＭ」「ビ

ジネスシステム」などである。今回の担当課長の話は、どの軸で整理できるだろうか(図5-4)。

例えば、3Cを使ってみる。顧客(市場)と競合他社と自社についての情報に、相手の話を分類できないか?

マーケティングの4Pではどうだろう。「商品」と「価格」と「チャネル・物流」と「プロモーション(営業を含む)」という情報に分けられないだろうか?

5-4 「3C」「4P」「SWOT」を用いて担当課長の話を整理してみよう

■担当課長の9つのコメント
※A、B、C……は担当課長の発言内容

【1】3Cと4P

3C \ 4P	Product（商品）	Price（価格）	Place（チャネル・物流）	Promotion（プロモーション）
Customer（顧客）	A E	B	C G	D
Competitor（競合）	A	B I	G	F
Company（自社）	E	F	C	D H

【2】SWOT

S/W	Strength（強み）	Weakness（弱み）
自社	D F	B C E H

O/T	Opportunity（機会）	Threat（脅威）
業界	D G	A B F G I

232

ＳＷＯＴはどうだろう。自社の強みと弱み、業界環境の機会と脅威で整理できないだろうか？

　前述したように、経営や事業がテーマであれば、大概の場合、スタンダードな分析フレームは使える。もし、これらが当てはまらない場合でも、担当課長の頭にモレやダブリやカタヨリがないか、そこを鋭く質問で確認するといい。こうしてお互いが、お互いのロジカル度を値踏みし合っていくのが、実は営業における顔合わせの目的の１つなのである。

　そこで実際は、「**マトリックス**」をホワイトボードや紙に描いて、お互いの情報を共有しながら議論していくことが大切だ。あるいは、図５-５のようなフレームワークを頭の中で整理して、質問を重ねていくこともできるだろう。

　いずれにしても、これは相手を見て決めること。例えば、相手がロジカルシンキングに長けている場合なら前者、そうでない場合は後者のアプローチが効果的だ。

　特に大切なのは、上からブレイクダウンでものごとをとらえていくこと。いちいち些細な動きや問題にとらわれていると、無駄足を踏む可能性が高くなる。

　例えば図５-５のフレームワークで有名な３Ｃであれば、①顧客（市場）の動きから読み取れる仮説は何か、②競合他社の動きから見える仮説は何か、③自社

の現状における仮説は何か、これらを考える。

　こうして見えてきた仮説を検証するためには、さらに必要な情報を相手に質問して引き出し、明確化・精緻化していく必要がある。つまり、「**ロジックツリー**」をつくっていくことになる。

　また、ここでは「**オプション思考**」も重要。課題の解決策は、決して1つではないはず。最重要課題を明確にする際も、いきなり「これだ！」では危ない。複

5-5 「3C」で読み取れる仮説は何か　相手に質問して導き出そう

■3つの視点（＝3C）で相手に疑問を確認する方法

顧客	・今後も低価格を訴求するのですか？ ・消費者が御社に求めるコンピタンス（強み）は？ ・物流で商機を逃しているのですね？ ・御社のCRMへの取り組みは、どうなっているのですか？
競合	・どこを一番脅威と見ていますか？ ・ベストプラクティス（参考にすべき先進企業の業務モデル）の対象企業はどこですか？
自社	・CS調査は、いつ実施しましたか？ ・御社の役員の経歴やビジョンについて教えてください。 ・社内の危機意識は、どの程度ありますか？

数の選択肢を提示して、相手と議論を尽くす必要がある。
　どんな情報が対象であっても、「**フレームワーク思考**」を上手に活用することで、俄然、仕事が速くなる。いつも課題の全体像を意識して、フレームで整理する考え方を習慣化するだけで、「あいつ、仕事ができるな」と思われるはず。

③ 複数のオプションを準備して納得度を高めよう

あなたは、このミーティングでどのような解答をするだろうか？

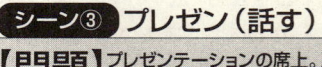

シーン③ プレゼン（話す）

【問題】プレゼンテーションの席上。顧客側の出席者は、社長を含めた全役員と、情報システム部や営業本部の主要メンバーが勢ぞろい。こちらのスライドを使った提案は、ひとまず流れどおり終了した。ところが、会議に遅れて入ってきた"導入反対派"の営業部長から、

「途中からなので、申し訳ないが３つ確認させて欲しい」

「その投資の効果は?」

「なぜ今、わが社にこのような投資が必要なのか?」

「なぜ、この提案がベストだと言えるのか？ 他社の提案とどう違うのか?」

という質問が飛んだ。
こちらの提案の本質（エッセンス）の再確認である。
ここでビシッと答えられなければ、先方の信頼は得られない。
さてあなたなら、この営業部長の質問に、どう対応するだろう。

◎典型的なダメ解答
「投資の必要性につきましては、昨今の経営状況に鑑みて、営業力の強化・高度化が求められていること。『何か手を打たなければ』という事態であることは、十分におわかりかと思います……」
「投資の効果につきましては、ある程度の試算は提示しております。しかしながら、その効果は御社の現場における取り組みの浸透度によるところが大きく、なにとぞ、ご協力をお願いしたいわけです……」
「他社さんの提案内容は、存じ上げませんので何とも言えませんが、ともかく、御社の現状を踏まえた上で、わが社としてベストな提案と認識しております……」

◎考え方と解答例
　いかにもありそうな答弁ではないか。しかし、相手先の営業部長としての納得度はどうだろうか？　わかりやすさは？
　確かに、耳障りは悪くない解答だとは思うが、結局なんだかよくわからない。むしろ、このレベルの返答で納得してしまう相手は、かえって問題だろう。それだけ何も考えていないからだ。それよりも、「で、何？」と聞き返してくる相手こそ、実はあなたの頼もしい推進パートナー足りえる人材なのだ。

仕事ができるビジネス・リーダーなら、「相手に質問された時こそチャンス」というコミュニケーションの鉄則を、肝に銘じておかなければならない。今こそ、相手とこの場を自分のものにするのだ。そのためにも、ロジカルシンキングをうまく活用して対応しよう。

①「相手の立場で！」がモノを言う
　相手から質問されたら、まず一拍、間をおく。そして、自分が相手の質問の意味と意図を、しっかりとつかんでいるかを確認する。もしもこの段階で、意味や意図がつかめていないのであれば、安易に相手の質問に答えてはならない。逆に、今度はあなたからの質問で、まず相手の質問の意図を明確にしていくことが大切だ。
　はじめからボタンの掛け違いの議論にならないように、ここが一番大切なところ。例えば、「このような投資」とは、相手は"どのような投資"だと思っているのか、考えてみる必要がある。
　＊営業支援としての投資
　＊情報システムとしての投資
　＊金額の大きな投資
　＊全社プロジェクトとしての投資
とにかく、相手が伝えたいことの本質をしっかりと

つかもう。だから、勝手に推測しない。相手の言葉にすぐ反応しない。間違っても、相手と対峙する姿勢をもってはいけない。強いコミットメントをもって、相手を理解しようとする姿勢こそ大切なのだ。

②ロジックツリーで伝える！

相手の意図が理解できたら、次は「まず結論を先に言って、その根拠を３つ」示す。

質問対応には、このフォーマットを瞬時に使えるようにしておくこと。テレビの討論会やイベント会場でのパネル・ディスカッション。聴衆を、わかりやすく納得させることのできる出席者は、基本的にこのフォーマットを使っている。では、問題の解答例をあげよう。

「営業支援の仕組みを全社的に仕掛けることは、御社において必要な戦略投資だと思っています。その理由は大きく３つあります」

「１つ目は、トップマネジメントの視点から、そして２つ目は営業現場の視点、そして最後に、皆さまのお客さまの視点からです」

「まず、１つ目のトップマネジメントについて。先手先手の意思決定が求められながら、なかなかできない。その根本的な原因は、営業現場の情報を吸い上げて共有する仕組みがないためです。こちらの調査結果

を見てください……」

「そして、2つ目の営業現場からの声です……」

「最後に、最も大切な皆さまのお客さまの声は……」

　ここでも、フレームワーク思考を使って、ロジックツリー化できる。あらかじめ、そのようなシートを参考資料として準備しておくと便利だ。具体的には、「なぜ必要なのか？」というWHYツリーと、「どうやって実現するのか？」というHOWツリーの2つだ。

③複数のオプションを提示する！

「投資の効果」や「ベスト・ソリューション」について、相手に納得してもらうためには、オプション思考を使おう。「これしかない！」では、かえって怪しく響くだけ。「御社の立場でベストなシナリオを可能な限り検討した結果、仮説として出てきた案が、この提案なのだ」ということが、必ず相手に伝わらなければいけない。

　そこで、オプション・マトリックスを活用して、3つから5つの選択肢を検討してみる。投資効果は、悲観シナリオから楽観シナリオまで、3〜5段階で提示するのがいいだろう。ソリューションの内容も、プロジェクト＆システムを構成する項目で、それぞれを比較してみればわかりやすい。

　そして、それぞれのメリット・デメリットを評価し

て、「ゆえに、私たちはこの効果シナリオとこのソリューションをご提案いたします」という根拠が、ロジカルに言えることが大切。「場当たり的やご都合主義ではない提案だ」ということが相手に伝われば、否が応でも相手の納得度は高まるはず。

　プレゼンテーションとは、「わかりやすく仕掛ける！」ことが目的。だからこそ、相手の立場に立った納得度＆わかりやすさを伝えるロジカルシンキングがベースになるのだ。

② ロジカル遺伝子を育む組織風土

① トップの発言から思考法が見える

　多くの企業には戦略らしきものが見当たらない。そして、多くのトップは戦略を語れない。戦略らしきものは、いわゆる計画であることが多い。実際には「中期経営計画」「単年度事業計画」「新製品開発計画」などの語尾につく"計画"という言葉を"戦略"に置き換えているだけである。結局、予算管理、計画管理を重視した形になっている。

　例えば、「3つの思考法」で戦略経営のシナリオを表現できているトップの発言は次のようになる。
「今後の戦略については、これまでの経緯にとらわれずに（**ゼロベース思考**）、A案からD案までの選択肢を十分に検討した（**オプション思考**）。それぞれのメリットとデメリットは××である。市場環境に対する機会と脅威に対する予測と自社の強み・弱みを合わせて考えた上で（**フレームワーク思考**）、B案を選択した」

　一方、この思考法ができていないトップの発言は、次のようになる。
「今後の戦略については、顧客満足度の向上を目指し

つつ、あらゆる消費者のニーズに対応すべく、総合提案力を武器に戦っていかなければならない。また、同時に株主の意向も重視し、キャッシュフローの推移も常に睨んでおくべきだ」
　ロジカルシンキングを構成する「３つの思考法」をベースにしている発言と、ベースにしていない発言では、聴いている人の受け止め方がまったく異なってくるだろう。「なぜ、それをやるのか？」「そのような結論にいたった経緯はどのようなものか？」などについて、前者は理解しやすいが、後者はよくわからない。「わかりやすい！トップ」と「わかりにくい！トップ」の差は、ロジカルシンキングの有無による。
　しかし、実際に『日本経済新聞』のコラム「トップに聞く企業戦略」などでは、切れ味が悪く、当たり障りのない抽象的な発言をしているトップが多い。成長市場と思われる領域においては、自社の強み・弱みを鑑みることもなく、自社も遅れじとばかりに、あれもやり、これもやるといったメリハリのない発言も多い。戦略経営の実践と言っておきながら、トップ自身に戦略の匂いを感じない企業が実に多い。
　当然、このような戦略レス・トップの発言が、株価にも反映される。売上が横ばいでも株価が下がっていく企業がある一方で、売上が多少下がっても将来を期待されて株価が上がっていく企業もある。その背景の

1つには、トップの頭の中に戦略シナリオが描かれた上で発言がなされているかどうかということがある。戦略シナリオを描く上で、ロジカルシンキングは不可欠なのだ。戦略経営を有言実行している企業は株価が高い。

そもそも、はたしてどれだけのトップが、戦略についての自分なりの定義をもっているだろうか？　戦略という言葉は、使いやすく、その言葉をつけるだけでカッコいい雰囲気を醸し出してしまう。目的や目標と戦略の違い、戦術と戦略の違い、ビジョンと戦略の違い、計画と戦略の違いなどを明確に説明できるトップは少ないのではないか？

「自社のポジショニングは……」「お客さま・セグメンテーションを行うと……」「ワン・トゥ・ワン・マーケティングを重点的に……」「ポートフォリオを考えると……」「ＡＢＣ分析をベースに……」などという言葉を表層的に使って、背景にある深い意味を考えることもなく、自分の発言をまことしやかに飾るために言葉を並べるだけのトップも多いように思われる。

理論の表面だけをなぞったり、経営書に出てくるようなキーワードを、修飾語のようにただ並べるよりは、たとえ幼稚なことでも自分なりにロジカルシンキングをベースに深く考え抜いて意思決定をし、行動する方が圧倒的に戦略的だ。

企業環境は確かに複雑に変化しているように見える。しかし、原理・原則は、必ずしも変化しているわけではない。「顧客が求めるものを、顧客が求める価格で、顧客が求める時に提供すればいい」のだ。
　もし、「競争相手が現われたなら、競争相手を上回る満足を感じてもらえるモノを、満足してもらえる価格・方法で提供すればいい」のである。
　そのために自社は何を、どのように行うかを考え、そこに、ロジカル性があればいいのである。

② ロジカル遺伝子が息づくコミュニケーション

　欧米に追いつき追い越せの時代には、欧米の進んだもの（お手本）を手に入れて、忠実に真似をすればよかった。だが、今は答えやお手本は、どこにも用意されていない。
　お手本がある場合、日本人は一生懸命に勉強して素早く習得してしまうという特性をもっている。だからだろうか。日本人は壁にぶつかると、お手本を探すという行動に出やすい。外資系のコンサルティング会社などからアメリカの新しい経営手法が紹介されると一斉に飛びつく。そして、やがて飽きて「役に立たなかった」と言って捨ててしまう。
　"解答"はどこかにあるものを探すのではなく、自ら

仮説検証を繰り返してつくり出していくという発想の転換が必要だ。自分の頭で考え抜いて見出していくビジネスパーソンや企業だけが勝ち抜いていくのだ。その際に役に立つのが、ロジカルシンキングだ。

非常に強い営業力をもっており、独自性を有したエネルギー溢れる人材輩出企業ともいわれるR社。最近ではあまり見なくなったが、以前はすべてのマネージャーの机上には「自ら機会をつくり出し、機会によって自らを変えよ」というプレートが置かれていた。

これは、文字通り"機会"というものに焦点を当てた言葉だが、実際には"機会"という言葉を"解答"に置き換えても使われている。つまり、「自ら考え抜いて答えを見出し、その答えによって自らの行動を変えよ」とも解釈できるわけだ。

R社では、後輩が仕事で悩んだこと、困ったことがあって先輩に相談しに行くと、決まって「お前はどう思うのか?」と聞かれる。その場では、決して答えは教えてくれない。「お前は、そもそもどうしたいのか?」「お前は、この仕事をどのように位置づけているのか?」と矢継ぎ早に質問が繰り出される。何か答えると、「お前は、本当にそう思っているのか?」「なぜ、そう思うのか?」とたたみかけるように質問が続く。

先輩から発せられる質問は、基本的にいつも同じで

ある。同じ質問をひたすら繰り返し聞かれるのだ。時には、「お前の言っていることは、よくわからない。もっとわかりやすく整理して言ってくれ」とか、「言いたいことを3つくらいのポイントに絞って言ってくれ」「さっき言ったことと、今言っていることは矛盾しているんじゃないか」「まず、仮説でいいから結論を言ってみてくれ」などと指摘されることもある。答えは決して教えてくれない。

　先輩が次々に繰り出す質問に答えていると、後輩はいつしか頭の中が整理されてきて、「私は〇〇を試してみたいと思います。その理由は△△です」「クライアントK社に対して、××の企画提案をぶつけてみたいと思います。先方にとってのメリットとうちにとってのメリットは、□□です」というようにまとまってくる。

　そこで、先輩は後輩の言っていることの整合性や実現可能性、リスクなどを判断して、よいと思えば、「じゃあ、それをやってみればいいじゃないか」というコメントを出す。

　おそらく先輩は、以前に自分も同様の疑問や悩みを抱いた経験があり、自分の中に「答えらしきもの」をもっているのだが、結局、最後まで言わないのである。後輩は、先輩のコーチング的な質問に対して頭をひねって考えているうちに、自ずと答えをつくり上げ

ていくのだ。

このプロセスは、実はロジカルシンキングのトレーニングにもなっている。つまり、このプロセスをとおして、後輩は3つの思考法**「ゼロベース思考」「フレームワーク思考」「オプション思考」**が鍛えられているのだ（第2章参照）。

そして、この後輩も何年かして自分の下に後輩ができ、仕事の相談を受けるようになると同じようなやり取りをするようになるのである。

R社では、明文化はされていないが、「後輩から相談を受けた時には、どんなに忙しくても応じよ！」「後輩から相談を受けても、決して答えを言うな！自分で考えさせよ！」という文化が、ずっと受け継がれているように思われる。

ここで注目して欲しいことは、R社の中に、それが脈々と受け継がれているということだ。目に見えにくい形で受け継がれていく、この風土のようなものこそが、組織の文化を形づくる遺伝子の1つなのだ。そして、もちろん、これは「正の遺伝子」であると言える。

ただ単にコーチングをしているわけではない。「すべてを白紙に戻したらどうなる？」「マーケティングの4Pに則したらどうなる？」「3つの選択肢を言ってみて、プラスとマイナスも。そして、その中から最

適解を選んで。その理由も言って！」……という言葉つきだ。

　毎年11月に行われる来年度の事業計画の討議である拡大経営会議の時も同じだ。トップマネジメント層は、決して、いきなり答えを言わない。質問しまくる！のだ。
「そのロジックは？」「戦略の根拠は？」「シナリオは？」「あるべき姿は？　できる姿は？　やりたい姿は？」……。厳しいが、ロジカルシンキング文化、ロジカル遺伝子が確実に浸透しているのだ。

　コーチングは戦略仮説を考えさせ、検証させる。サイクルを回すメカニズムをつくる一方法論であり、1つの思想でもある。

　もともとミドルや現場リーダーは、トップとフィールド（現場）の間にあるポストであり、トップの経営方針や事業ビジョンを十分に咀嚼しながら、目的達成に向けて機能的にチームを動かしていく立場にあった。だが、いつしか多くの企業では、ミドルは自ら考えることなく、ただ管理をしていればよくなってしまった。

　そのため、「会社の方針として決まったことなのだから、目標を達成するために全力を出してがんばって欲しい」という精神論や掛け声にすぎない発言が多くなり、そのベースに環境分析→戦略策定→アクション

第5章◎ロジカルシンキングを鍛えよう！　249

プランの策定→実行→フィードバックというようなシナリオ・サイクルをもたなくなってしまった。

今後のミドルは、自分の頭で考えて取り巻く環境を客観的にとらえ、問題を整理した上で課題として体系化できなければならない。また、自らの組織の目的や方向性を明確に打ち出すとともに目的を実現するための戦略の構築をもできなければならない。

現場リーダーは現場の問題点や課題点を、即、整理・体系化できなければならない。そしてそれらを自分の言葉でメンバーに伝えること！　そのためにも、3つの思考法、3つの基盤スキルだけでなく、3つのツール——**ロジックツリー・マトリックス・プロセス**も習得していなければならない。

ホワイトボードを使い、パワーポイントを使い、3つのツールを活用し、猛烈なスピードで情報を整理・分析・体系化していかなければならないからだ。

③ わかりやすい！→動き出す

ロジカルシンキングとは「わかりやすさ！」である。そのための要素（アイテム）として、
　①3つの思考法
　②3つのツール
の計6つの要素をさまざまな切り口で述べてきた。

6つすべてを習得するのは、なかなか容易ではないだろう。まずは、
　＊ゼロベース思考
　＊フレームワーク思考
　＊ロジックツリー
の3つの重要要素からはじめていただきたい。
　ロジカルシンキングは、何よりも習慣化されなければならない。自分のどこを切ってもロジカル遺伝子が飛び出してこなければならないのだ。
　日本人はもともと、あまり論理的な人種ではない。アングロサクソン系のように、狩猟民族的に、自己を主張し、結論からはじまるスタイルではない。和を大切にし、人と人との機微を考え、相手の心の中を 慮 る。それが、日本人の美徳であり、日本文化の価値でもある。もちろん、現在も重要な価値である。
　だが、企業活動は、なかなかそうはいかない。右肩上がりの時代が終焉。競争激化・弱肉強食・優勝劣敗・ひとり勝ちの時代。いかに明確に、いかに優位性をもち、いかに戦うか？
　ロジカルシンキングが、注目を浴びているのもこのような背景があるからだ。
　結論を先に！　論理を明確に！　シナリオ性を大切に！　コンセプトを主張する！　という流れなのだ。この動きは止まらない。とどまることを知らない。

でもやっぱり、日本人。もっと、情・間・感性・機微・徳を大切にしようジャン！　という意見もあるだろう。しかし、グローバル時代で国境が消え、さまざまな情報を自由に手中にでき、語学力に乏しくとも翻訳サイトを使えば、どこの国であろうと活発にビジネスは進められる。そんな時、相手の心の中を慮ってもらわんと困る、空気をもっと読んでもらわんとそりゃ困ると言われても、もっと困るだろう。言わないことは、言わないこと。聞こえないのだ。

　結論が明確でなければならない。論理が明確でなければならない。根拠が納得できなければならない。したいこと・すべきこと・できることが明確でなければならない。

　ロジカルシンキングとは、グローバルシンキングでもある。英語ができる・できないの問題ではない。英訳しやすいか・しにくいかの問題なのだ。コンサルタントは、一般のビジネスパーソンよりも結論を明確に言う。なぜなら、それが仕事だからだ。コンサルタントが慮っていたら、仕事にならない。

　論理的思考とも訳されるロジカルシンキングは、主にコンサルタントから企業社会に発信されたものだ。より客観的に、より明確に、よりシナリオ性をもって！　という意味だ。しつこく繰り返すが、

ロジカルシンキングとは、「わかりやすく！」すること

である。論理学的に言うとか、データを使って言うとかの前に、相手の立場に立って、相手の言葉で、相手が納得するような言動をとるためにすることが、ロジカルシンキングなのである。

コンサルタントが語るロジカルシンキングは、ロジックツリーという構造化・ピラミッド化を指すことが多い。本書では、このロジックツリーも扱う。が、他の思考法・ツールについても述べている。できるだけ、「わかりやすく！」するためには、シーン、シーンでの使い勝手で、活用する要素が異なることを意味している。

ロジカルシンキングの基本となるものを、できるだけ網羅的に整理・体系化したつもりだ。ノウハウ・ドゥハウにこだわり、コンサルティング・マインドにこだわったHRインスティテュートらしいロジカルシンキングになっている。ぜひ、自分のものにして欲しい。そして、周りにいるビジネスパーソンたちとの共通プラットフォームになることを心から祈念したい。

そして、私たちHRインスティテュートも「わかりやすい！」本を今後も書き続けることを最後に誓いたい。

編者紹介
野口吉昭（のぐち　よしあき）
横浜国立大学工学部大学院工学研究科修了。現在、株式会社ＨＲインスティテュート代表。中京大学総合政策学部・経済学部講師。ＮＰＯ法人師範塾副理事長。
主な著書に、『遺伝子経済』（日本経済新聞社）、『考える組織』（ダイヤモンド社）、『コンサルタントの「質問力」』（ＰＨＰビジネス新書）、『「夢とビジョン」を語る技術』（かんき出版）など多数。

著者紹介
ＨＲインスティテュート
理論偏重ではない「使えるコンサルティング」「実効性のある研修」を柱としたコンサルティング・グループ。1993年設立。
具体的かつ即効性のあるコンサルティング、ワークアウト、研修（ノウドゥ）などのプログラムを展開している。コンサルタントの「ノウハウ・ドゥハウ」を十分に反映させた「戦略シナリオ構築」「ビジネスモデル＆ビジネスプラン策定」「ロジカルシンキングのノウハウ・ドゥハウ向上」「プレゼンテーション・スキル向上」といったプログラムは、多くの企業で採用され実績をあげている。

● 執筆担当：
　リーダー　稲増美佳子
　メンバー　根反勝政・内田友美・染谷文香・守屋智敬

この作品は、2001年11月にＰＨＰ研究所より刊行されたものに加筆・修正をしたものである。

PHP文庫	**ロジカルシンキングのノウハウ・ドゥハウ**

2008年7月17日	第1版第1刷
2017年9月6日	第1版第15刷

著　者	HRインスティテュート
編　者	野　口　吉　昭
発行者	後　藤　淳　一
発行所	株式会社PHP研究所

東京本部　〒135-8137　江東区豊洲 5-6-52
　　　　　　　文庫出版部　☎03-3520-9617（編集）
　　　　　　　普及一部　　☎03-3520-9630（販売）
京都本部　〒601-8411　京都市南区西九条北ノ内町11

PHP INTERFACE　　http://www.php.co.jp/

編集協力 組　版	株式会社PHPエディターズ・グループ
印刷所 製本所	図書印刷株式会社

© HR Institute 2008 Printed in Japan　　ISBN978-4-569-67060-7

※本書の無断複製（コピー・スキャン・デジタル化等）は著作権法で認められた場合を除き、禁じられています。また、本書を代行業者等に依頼してスキャンやデジタル化することは、いかなる場合でも認められておりません。
※落丁・乱丁本の場合は弊社制作管理部（☎03-3520-9626）へご連絡下さい。送料弊社負担にてお取り替えいたします。

PHP文庫好評既刊

論理的に書く方法
説得力ある文章表現が身につく!

小野田博一 著

ルールを知れば、論理的に書くのは簡単! まず結論の主張から始める、余分なことは書かない……。相手が思わず納得する最強の文章術!

定価 本体五五二円(税別)